PÔLE NORD
OCÉAN GLACIAL ARCTIQUE
NDE
ESTONIE
LETTONIE
LITUANIE
RÉPUBLIQUE TCHÈQUE
RUSSIE
Moscou
EUROPE
SLOVAQUIE
HONGRIE
SLOVÉNIE
CROATIE
ROUMANIE
BULGARIE
Ankara
GRÈCE
TURQUIE
CHYPRE
Méditerranée
ASIE
JAPON
Tokyo
Pékin
CHINE
Téhéran
IRAN
PAKISTAN
Karachi
New Delhi
Le Caire
Riyad
ÉGYPTE
ARABIE SAOUDITE
Mer Rouge
UE
Golfe d'Oman
INDE
Golfe du Bengale
OCÉAN PACIFIQUE
CONGO
épublique
nocratique)
Jakarta
INDONÉSIE
Mayotte
OCÉAN INDIEN
La Réunion
OCÉANIE
Nouvelle-Calédonie
Pretoria
AUSTRALIE
QUE
SUD
de Bonne-
spérance
Nouvelle-Amsterdam
Saint-Paul
Canberra
Crozet
Kerguelen
N
NOUVELLE-ZÉLANDE
O
E
S
OCÉAN GLACIAL ANTARCTIQUE
ANTARCTIQUE
Terre Adélie
PÔLE SUD

Tout Savoir CP

CONFORME AUX PROGRAMMES

Français
Bénédicte Idiard

Mathématiques
André Mul

Temps, Enseignement moral et civique, Espace
Bénédicte Idiard

Sciences
Marc Antoine et Richard Minguez

Anglais
Corinne Touati

Avec la participation de Stéphanie Grison

Cet ouvrage est conforme à la nouvelle orthographe
www.orthographe-recommandee.info

Hatier

Mode d'emploi

QUAND utiliser *Tout Savoir* au CP ?

- Tu veux réviser et t'entrainer avant un contrôle.
- Tu as besoin de vérifier tes connaissances dans une matière... c'est le moment d'ouvrir *Tout Savoir* !

COMMENT utiliser *Tout Savoir* au CP ?

- Pour profiter au mieux de chaque chapitre :
  - **commence** par lire très attentivement la **LEÇON** ;
  - **observe** la **MÉTHODE** pour comprendre comment faire ;
  - **fais** les **EXERCICES** par ordre de difficulté pour t'entrainer.

- Dans le **GUIDE PARENTS DÉTACHABLE**, tu trouveras les corrigés détaillés de tous les exercices. Lorsque tu as vérifié tes réponses, seul(e) ou avec tes parents, entoure un des smileys et reporte tes résultats sur la page sommaire de chaque matière.
- Dans l'onglet « **Moi en CP** », tu trouveras des conseils et des activités pour mieux te connaitre, bien apprendre et t'épanouir à l'école.
- Dans l'onglet « **Vers le CE1** », tu trouveras des bilans-quiz dans toutes les matières et le programme de l'année prochaine.
- Dans ce livre, certains mots sont écrits avec l'orthographe recommandée par le ministère de l'Éducation nationale. Par exemple, « entraîner » devra s'écrire « entrainer » ou encore le mot composé « un abat-jour » s'écrira au pluriel « des abat-jours ». Seuls les textes d'auteur restent dans l'ancienne orthographe.

Cet ouvrage est conforme à la nouvelle orthographe
www.orthographe-recommandee.info

+ UN SITE D'ENTRAINEMENT

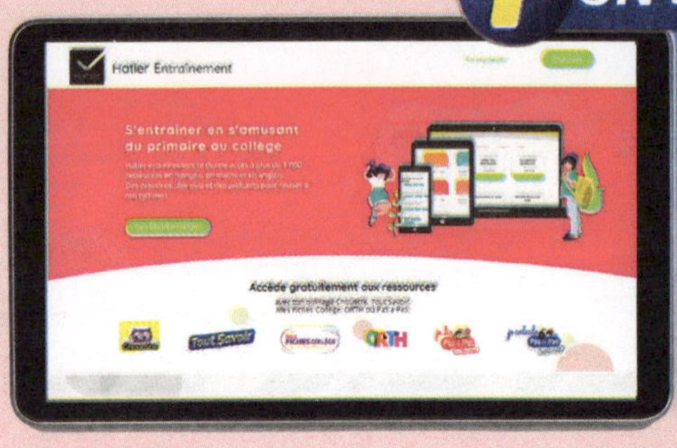

avec **DES EXERCICES INTERACTIFS ET DES DICTÉES EN ACCÈS GRATUIT** sur www.hatier-entrainement.com

Scannez ce code pour découvrir le site www.hatier-entrainement.com

Édition : Imaginemos
Conception graphique : Favre et Lhaïk
Réalisation : Ici & ailleurs

Illustrations : Vincent Brascaglia, Mathias Gally, Anne Guillard (pictos rubriques et entrées de parties), Christel Han (*Guide parents* et onglet « Moi en CP »), Vincent Landrin, Bruno Le Sourd, Benoît Perroud, Sandra Smith, Anne Teuf, François Vincent
Iconographie : Hatier Illustration.

Adaptées à tous les profils, les leçons te permettent d'utiliser la méthode d'apprentissage qui te convient le mieux :

regarder — écouter — manipuler

Le numéro du chapitre

Une **LEÇON** visuelle pour bien mémoriser

Une question pour démarrer la leçon

Des **EXERCICES VARIÉS** avec 3 niveaux de difficulté repérés par des étoiles

Un **QUIZ** sur la leçon

Une couleur par matière

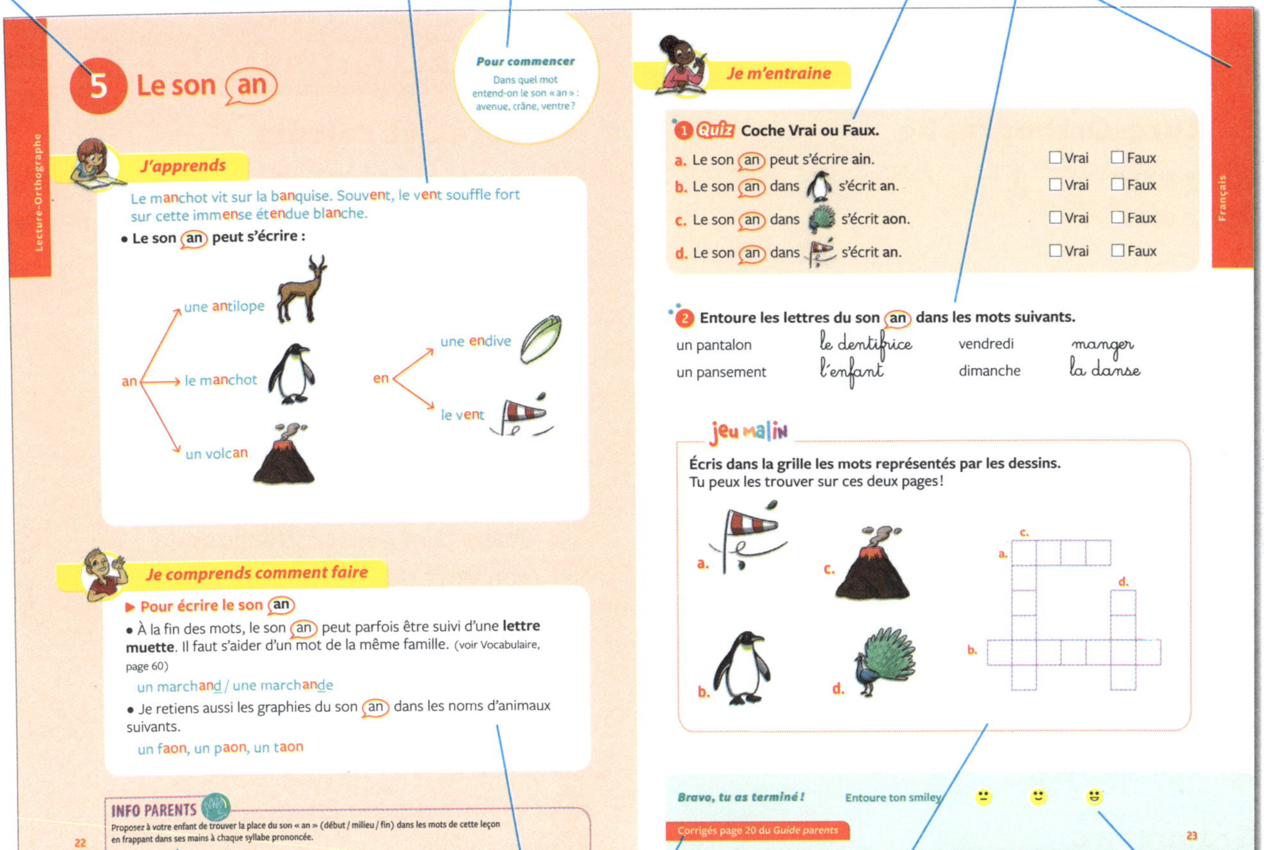

Lecture-Orthographe

5 Le son (an)

Pour commencer
Dans quel mot entend-on le son « an » : avenue, crâne, ventre ?

J'apprends

Le manchot vit sur la banquise. Souvent, le vent souffle fort sur cette immense étendue blanche.

- Le son (an) peut s'écrire :

an → une antilope, le manchot, un volcan

en → une endive, le vent

Je comprends comment faire

▶ Pour écrire le son (an)

- À la fin des mots, le son (an) peut parfois être suivi d'une **lettre muette**. Il faut s'aider d'un mot de la même famille. (voir Vocabulaire, page 60)

un marchand / une marchande

- Je retiens aussi les graphies du son (an) dans les noms d'animaux suivants.

un faon, un paon, un taon

INFO PARENTS
Proposez à votre enfant de trouver la place du son « an » (début / milieu / fin) dans les mots de cette leçon en frappant dans ses mains à chaque syllabe prononcée.

22

Je m'entraine

1 Quiz Coche Vrai ou Faux.

a. Le son (an) peut s'écrire ain.	☐ Vrai	☐ Faux
b. Le son (an) dans [manchot] s'écrit an.	☐ Vrai	☐ Faux
c. Le son (an) dans [paon] s'écrit aon.	☐ Vrai	☐ Faux
d. Le son (an) dans [vent] s'écrit an.	☐ Vrai	☐ Faux

2 Entoure les lettres du son (an) dans les mots suivants.

un pantalon — le dentifrice — vendredi — manger
un pansement — l'enfant — dimanche — la danse

jeu malin

Écris dans la grille les mots représentés par des dessins.
Tu peux les trouver sur ces deux pages !

a. b. c. d.

Bravo, tu as terminé ! Entoure ton smiley

Corrigés page 20 du Guide parents

23

Français

Des **CONSEILS** pratiques pour appliquer la leçon au quotidien

Le renvoi au *Guide parents* (corrigés et conseils)

Un jeu malin pour terminer le chapitre

Le smiley à entourer

Une **MÉTHODE** pour comprendre et savoir faire

Mémo pour la prononciation des sons (leçons de Lecture-Orthographe)

Il ne faut pas confondre le nom de la lettre avec le son qu'elle produit.
Par exemple, nous écrivons **l** pour dire le nom de la lettre (elle) et (l) pour dire le son de la lettre (ici, pour reproduire le bruit propre à cette consonne, le bout de la langue rejoint le palais juste derrière les dents).

SOMMAIRE

MOI EN CP

Vocabulaire

Écriture

FRANÇAIS

Lecture-Orthographe

Grammaire

MATHÉMATIQUES

Nombres et calculs

Espace et géométrie

Grandeurs et mesures

Problèmes

TEMPS • EMC • ESPACE

TEMPS

Repères et mesures du temps

Les modes de vie de différentes époques

ENSEIGNEMENT MORAL ET CIVIQUE

ESPACE

Se situer dans l'espace et le représenter

SCIENCES

La matière

Le monde vivant

Les objets techniques

ANGLAIS

VERS LE CE1

Quatre règles pour bien apprendre

Ton cerveau est comme une **grande forêt** dans laquelle tout ce que tu apprends forme des chemins.
À chaque fois que tu apprends quelque chose, un **nouveau chemin** se dessine. Ces chemins se tracent **tout au long de la vie**.

Colorie les «activités» que tu sais faire.

Pour que les chemins se tracent correctement dans ton cerveau et pour qu'ils ne s'effacent pas, il faut :

1 que tu refasses et répètes plusieurs fois les mêmes choses;

2 que tu acceptes de te tromper et de recommencer;

3 que tu dormes bien et suffisamment longtemps;

4 que tu manges équilibré.

Comment te concentrer ?

Il est important que tu sois concentré(e) pour apprendre.
Voici quelques techniques qui t'aideront.

1 Fais des postures de yoga.

La posture du papillon

- Assieds-toi sur un tapis, le dos droit et les jambes allongées devant toi.
- Fléchis les genoux et place tes plantes de pieds l'une sur l'autre.
- Monte et descends tout doucement les genoux en tenant tes pieds, comme si tes genoux étaient des ailes de papillon.

La posture de la tortue

- Assieds-toi en tailleur et place tes plantes de pieds l'une contre l'autre.
- Fais passer tes deux bras devant toi entre tes jambes et dépose tes mains sous tes mollets.
- Tourne tes paumes de mains vers le ciel, rentre ton dos et incline ton menton vers ta poitrine.

Te voilà une tortue, bien à l'abri dans ta carapace, ne bouge plus, respire calmement.

2 Fais des exercices de respiration.

Le ballon de baudruche

- Imagine que ton ventre est un ballon et pose doucement tes mains dessus.

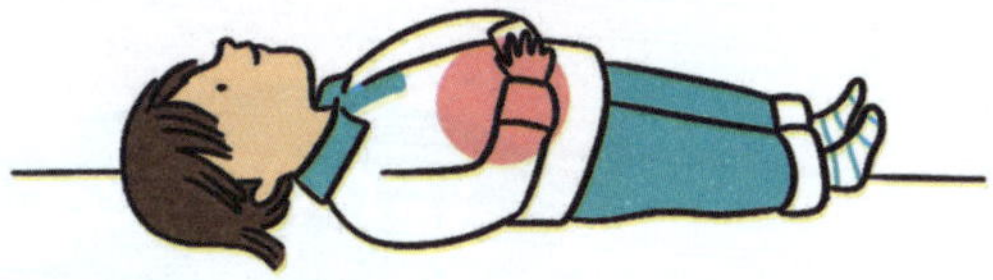

- Inspire de l'air et sens ton ballon qui se gonfle et fait monter tes mains.

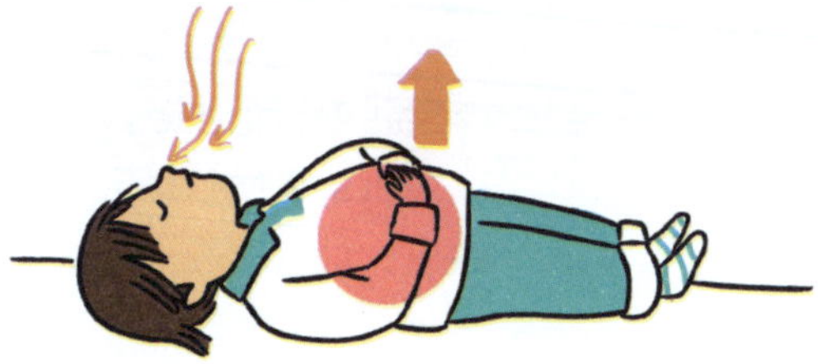

- Expire l'air et sens ton ballon qui se dégonfle et fait descendre tes mains.

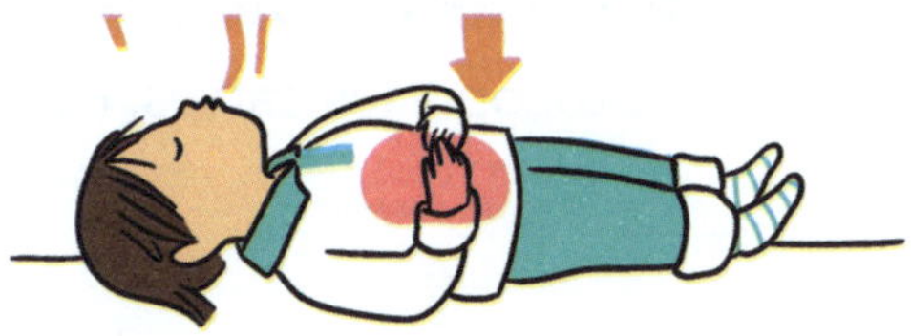

3 Trace des spirales.

4 Recopie des mots à l'envers.

TORTUE

....

CHAT

....

Jouer et apprendre

Sais-tu que les jeux sont un très bon moyen d'apprendre ? Alors, à toi de jouer !

1 Apprends à lire en jouant.

Le mémory (pour jouer seul ou à 2)

Photocopie les cartes, découpe-les et joue !

souris	étoile	loup	tortue

biberon	mouton	cochon	tomate

singe		brebis	

• Dispose toutes les cartes sur une table, faces écrites ou dessinées cachées.

• Chacun à leur tour, dans le sens des aiguilles d'une montre, les joueurs retournent deux cartes en même temps. Si la carte avec le dessin illustre le mot écrit, le joueur gagne les cartes, sinon il les repose. La partie est terminée lorsque toutes les paires sont constituées. Celui qui a le plus de cartes a gagné.

2 Apprends à compter en jouant.

Le jeu de l'oie des compléments à 10

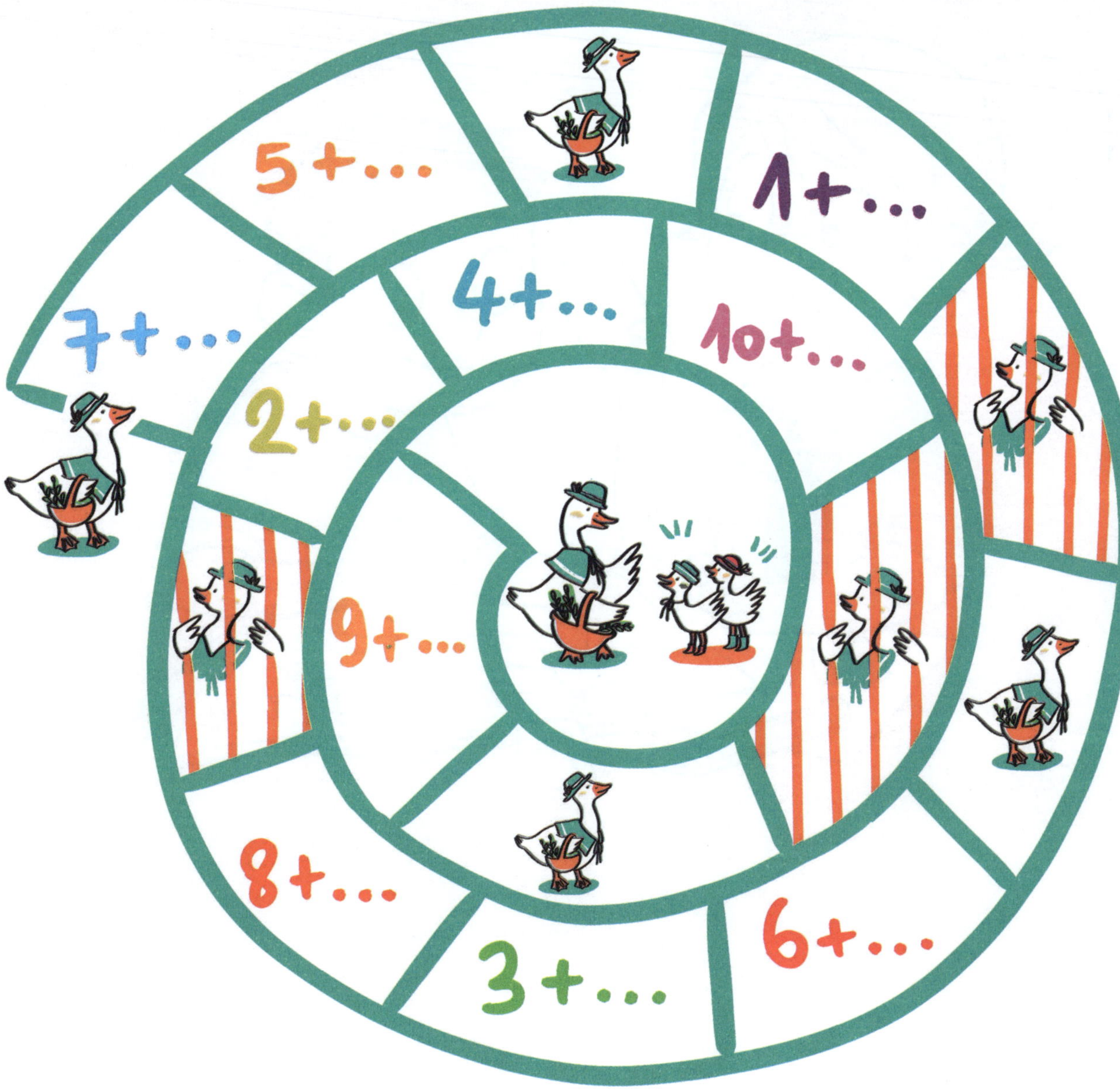

- Chacun à leur tour, les joueurs lancent le dé et avancent leur pion d'autant de cases qu'il y a de points sur le dé.
- Ils doivent citer le nombre qu'il faut rajouter à celui qui est écrit dans la case, pour arriver à 10.
- Les joueurs rejouent tant qu'ils trouvent le nombre.
- Quand ils tombent sur une oie, ils rejouent et quand ils tombent sur une prison, ils passent un tour.
- Le joueur qui arrive le 1er au centre a gagné !

FRANÇAIS

→ Des exercices interactifs
et des dictées audio sur
www.hatier-entrainement.com

Lecture-Orthographe

Grammaire

Vocabulaire

Écriture

1 Le son (o)

Pour commencer

Dans quel mot entend-on le son « o » : roi, chameau, mouche ?

J'apprends

Papa promène Coralie dans son landau rose. La balade au bord de l'eau est agréable ; on voit plein de jolis bateaux.

- **Le son (o) peut s'écrire :**

o → une otarie 
o → la rose 
o → un piano 

eau → l'eau 
eau → la beauté 
eau → un bateau 

au → une aubergine 
au → une gaufre 
au → un landau 

Je comprends comment faire

▶ **Pour écrire le son (o)**

- Pour beaucoup de mots **commençant par le son (o)** on écrit **ho**.
  un homme, un homard, honnête…
- Quand on entend **(om) à la fin d'un mot**, on écrit très souvent **um**.
  un aquarium, un album, le géranium

INFO PARENTS

Demandez à votre enfant de faire une « chasse au son "o" » en désignant le plus d'objets possible autour de lui qui contiennent le son « o ».

Je m'entraine

1 Quiz Coche Vrai ou Faux.

a. Dans le mot , le son (o) s'écrit **eau**. ☐ Vrai ☒ Faux

b. Dans le mot , le son (o) s'écrit **au**. ☒ Vrai ☐ Faux

c. Quand on entend (om) à la fin d'un mot, on écrit **um**. ☐ Vrai ☐ Faux

2 Pour chaque série, barre l'intrus qui ne contient pas le son (o).

a. chocolat – colle – ~~poule~~ – homme – grosse

b. haut – autruche – jaune – ~~blanche~~ – chaude

c. chapeau – ~~bleu~~ – beau – râteau – gâteau

jeu malin

Écris dans la grille les mots représentés par les dessins.
Tu peux les trouver dans ces deux pages !

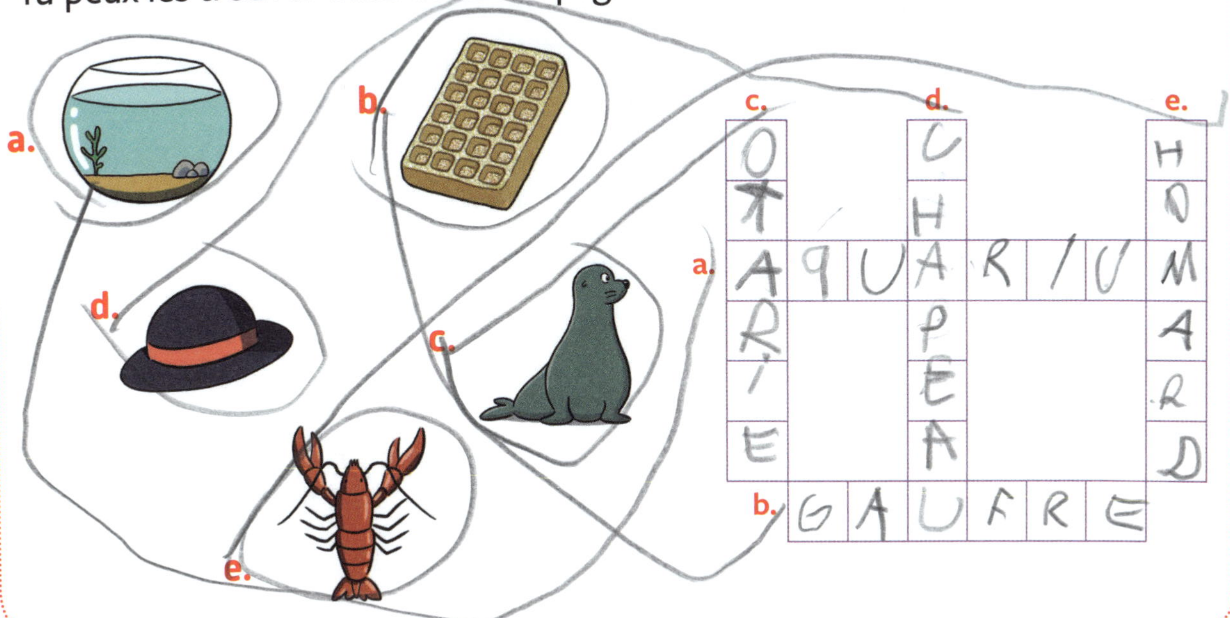

Bravo, tu as terminé ! Entoure ton smiley.

Corrigés page 20 du *Guide parents*

2 Le son (é)

Pour commencer

Dans quel mot entend-on le son « é » : reste, médecin, lèvre ?

J'apprends

Jérôme ira passer les vacances d'été chez ses grands-parents à Saint-Tropez. Il fera du vélo et du voilier toute la journée !

- **Le son (é) peut s'écrire :**

é → une étoile

é → un vélo

é → le dé

er → un voilier

ez → le nez

Je comprends comment faire

▶ Pour écrire le son (é)

- Le son (é) à la fin des **noms de métiers** s'écrit **er**.
  un boucher, le charcutier, un policier
- Beaucoup de **noms féminins** (voir Grammaire, page 50) qui se terminent par le son (é) s'écrivent **ée**.
  une fée, la fusée, une dictée

INFO PARENTS

Incitez votre enfant à créer une fiche pour chaque graphie du son « é ». Il pourra y dessiner et/ou écrire les mots rencontrés.

Je m'entraine

1 Quiz Coche Vrai ou Faux.

a. Le son (é) peut s'écrire è. ☐ Vrai ☐ Faux

b. Le son (é) à la fin des noms de métiers s'écrit **er**. ☐ Vrai ☐ Faux

c. Le son (é) dans  s'écrit **ez**. ☐ Vrai ☐ Faux

2 Coche la case à l'endroit où on entend (é).

a.  ☐☐

b.  ☐☐☐

c.  ☐☐☐

d.  ☐☐

3 Colorie les étiquettes des mots avec le son (é) selon le code suivant.

- é
- er
- ez

a. un pétard
b. un pompier
c. assez
d. la météo
e. la télé
f. vous courez
g. chanter
h. un bébé

jeu malin

Colorie les cases où tu vois é pour aider le jardinier à retrouver son tablier.

é	é	è	é	é	é	ë	ê
ê	é	é	é	è	é	è	ë
ë	è	è	ë	è	é	é	è
ê	è	ê	ë	è	ê	é	é

Bravo, tu as terminé ! Entoure ton smiley.

Corrigés page 20 du *Guide parents*

3 Le son è

Pour commencer
Dans quel mot entend-on le son « è » : girafe, veau, chèvre ?

J'apprends

Pour son anniversaire, mon frère part en forêt avec treize copains. Ils ramènent de belles fraises et des bleuets.

- **Le son è peut s'écrire :**

e + deux consonnes → une raquette / → une échelle

ê → une forêt

ai → un aigle / → une fraise / → un balai

et → des bleuets

ei → treize 13

è → une pièce

e + consonne à la fin du mot → mer

Je comprends comment faire

▶ Pour écrire le son è

- Le son è à la fin des noms d'**habitants** s'écrit presque toujours **ais**.
  un Français, un Portugais, un Marseillais
- Je retiens aussi les graphies du son è dans les mots est et Noël.
  C'est Noël !

INFO PARENTS

Pour que votre enfant distingue bien les sons « è » et « é », faites-lui repérer l'ouverture de la bouche (elle est plus ouverte pour « è »).

Je m'entraine

1 Quiz Coche les bonnes réponses.

a. Le son (è) peut s'écrire : ☐ eau ☐ è ☐ ei ☐ et ☐ en

b. Le son (è) dans  s'écrit : ☐ ê ☐ è ☐ e

2 Colorie les mots dans lesquels on entend (è).

a. un écrin
b. le rêve
c. une chaise
d. un panier
e. la clé
f. une veste
g. du lait
h. la neige

3 Écris les mots sous chaque dessin en t'aidant des syllabes.

bre fe ai zè tre nê le

a. 

....

b. 

....

c. 

....

jeu malin

Rébus. Forme des mots à l'aide des dessins.

a. 

....

b. 

....

c. 

....

Bravo, tu as terminé ! Entoure ton smiley.

Corrigés page 20 du *Guide parents*

4 Les sons (on) et (ou)

Pour commencer

Dans quel mot entend-on le son « ou » : fois, pont, loup ?

J'apprends

Le loup s'approche de l'enclos des moutons. Il imagine les dévorer comme un glouton. Mais au moment de bondir, une souris lui fait peur et il s'enfuit.

- **Le son (on) s'écrit :**

on → onze 

on → un ballon 

on → la confiture 

- **Le son (ou) s'écrit :**

ou → un ours 

ou → une souris 

ou → le cou 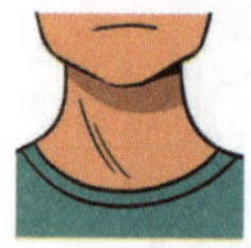

Je comprends comment faire

▶ Pour distinguer les écritures des sons (on) et (ou)

Je ne confonds pas les lettres **u** et **n**.

- La lettre **u** a ses deux cannes tournées vers le haut.
  couvrir, sourire
- La lettre **n** a ses deux cannes tournées vers le bas.
  bondir, fondre

INFO PARENTS

Lors de vos déplacements, vous pouvez demander à votre enfant de repérer et nommer le plus de mots possible contenant le son « ou » puis le son « on ».

Je m'entraine

1 Quiz Coche Vrai ou Faux.

a. Dans  j'entends (on). ☐ Vrai ☐ Faux

b. Dans  j'entends (on). ☐ Vrai ☐ Faux

c. Le son (on) peut s'écrire ou. ☐ Vrai ☐ Faux

2 Colorie les dessins en respectant le code lorsque tu entends le son (on) ou le son (ou).

■ on ■ ou

a. 

b. 

c. 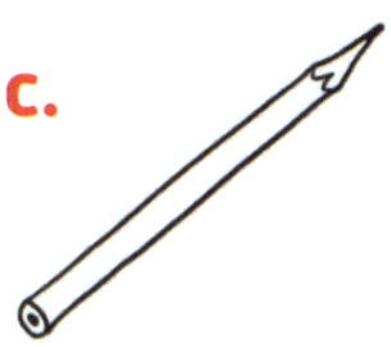

d. 

3 Complète les mots avec la syllabe qui manque.

pou pon on

a.  un ....gle

b.  une é..........ge

c.  une ....pée

jeu malin

Entoure dans la grille les mots suivants.
bombe – bouton – coton –
cou – glouton – poule

O	U	B	T	O	P	N
G	L	O	U	T	O	N
B	O	U	O	N	U	L
C	O	T	O	N	L	C
P	B	O	M	B	E	O
R	O	N	G	I	F	U

Bravo, tu as terminé ! Entoure ton smiley.

Corrigés page 20 du *Guide parents*

5 Le son (an)

Pour commencer
Dans quel mot entend-on le son « an » : avenue, crâne, ventre ?

J'apprends

Le manchot vit sur la banquise. Souvent, le vent souffle fort sur cette immense étendue blanche.

- **Le son (an) peut s'écrire :**

an → une antilope 

an → le manchot 

an → un volcan 

en → une endive 

en → le vent 

Je comprends comment faire

▶ Pour écrire le son (an)

- À la fin des mots, le son (an) peut parfois être suivi d'une **lettre muette**. Il faut s'aider d'un mot de la même famille. (voir Vocabulaire, page 60)

un marchand / une marchande

- Je retiens aussi les graphies du son (an) dans les noms d'animaux suivants.

un faon, un paon, un taon

INFO PARENTS 

Proposez à votre enfant de trouver la place du son « an » (début / milieu / fin) dans les mots de cette leçon en frappant dans ses mains à chaque syllabe prononcée.

Je m'entraine

1 Quiz Coche Vrai ou Faux.

a. Le son (an) peut s'écrire **ain**. ☐ Vrai ☐ Faux

b. Le son (an) dans  s'écrit **an**. ☐ Vrai ☐ Faux

c. Le son (an) dans  s'écrit **aon**. ☐ Vrai ☐ Faux

d. Le son (an) dans  s'écrit **an**. ☐ Vrai ☐ Faux

2 Entoure les lettres du son (an) dans les mots suivants.

un pantalon	le dentifrice	vendredi	manger
un pansement	l'enfant	dimanche	la danse

jeu malin

Écris dans la grille les mots représentés par les dessins.
Tu peux les trouver sur ces deux pages !

a. 

c. 

b. 

d. 

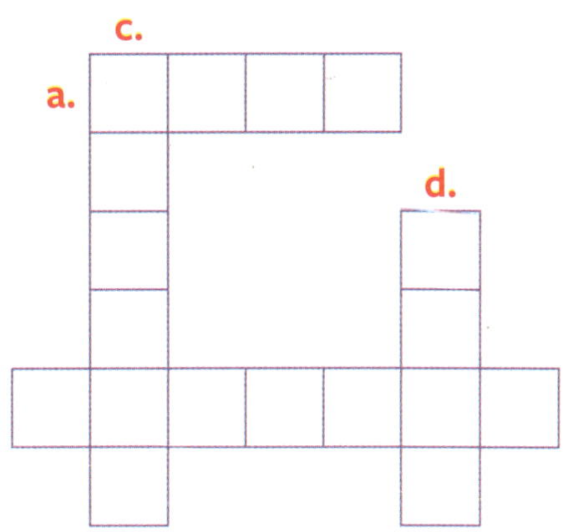

Bravo, tu as terminé ! Entoure ton smiley.

Corrigés page 20 du *Guide parents*

6 Le son (in)

Pour commencer
Dans quel mot entend-on le son « in » : plier, pain, panier ?

J'apprends

Il y a plein d'oiseaux dans le jardin qui picorent du pain ! Après ce festin, ils se posent dans le sapin.

- **Le son (in) peut s'écrire :**

in → l'index 
in → cinq 
in → un sapin 

ein → une ceinture 
ein → plein

ain → le vainqueur 

ain → du pain 

Je comprends comment faire

▶ **Pour écrire le son (in)**

- Le son (in) s'écrit aim à la fin de certains mots.
  avoir faim, un daim, un essaim
- **Attention !** Certains mots avec le son (in) se prononcent de la même manière mais s'écrivent différemment.
  du pain (que l'on mange) / je peins (un tableau) / le pin (l'arbre)
  du vin (à boire) / vingt (le nombre)

INFO PARENTS
Faites remarquer à votre enfant la position des lèvres quand on dit le son « in » : la bouche est souriante et ouverte. Ce son vient du nez.

Je m'entraine

1 Quiz Coche les bonnes réponses.

a. Dans 5 le son (in) s'écrit : ☐ in ☐ ain ☐ ein

b. Dans  le son (in) s'écrit : ☐ in ☐ ain ☐ ein

c. Dans  le son (in) s'écrit : ☐ in ☐ ain ☐ ein

2 Entoure le son (in) et écris le mot dans la bonne colonne.

le lapin – de la peinture – mon copain – l'indice – un rein – Il se plaint.

in	ain	ein

3 Dessine ce que représente chaque mot.

a. du vin

b. vingt

c. du pain

d. un pin

jeu malin

Écris les mots dans la grille pour trouver le mot mystère dans la zone en gras.
Tu peux t'aider en comptant le nombre de lettres et de cases !

peintre – bain – fin – chemin

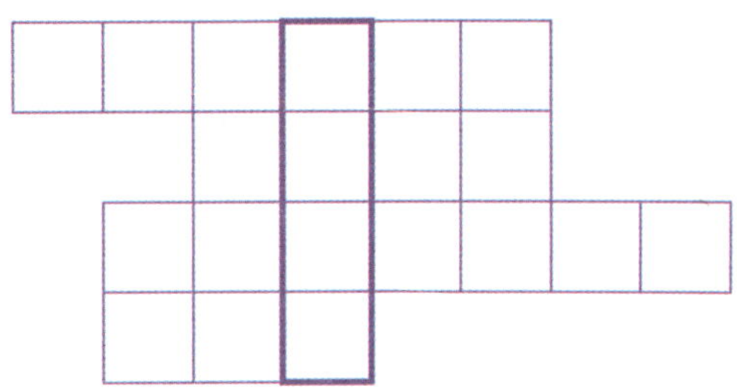

Bravo, tu as terminé ! Entoure ton smiley.

Corrigés page 21 du *Guide parents*

7 Les sons oi et oin

Pour commencer

Dans quel mot entend-on le son « oin » : coiffure, lointain, toiture ?

J'apprends

Tous les soirs, le fermier prend soin de ses animaux. Il apporte du foin aux vaches et donne des graines aux canards et aux oies.

- **Le son oi s'écrit :**

oi → une oie 

oi → un arrosoir 

- **Le son oin s'écrit :**

oin → la pointe 

oin → du foin 

Je comprends comment faire

▶ Pour écrire les sons oi et oin

- Je dois bien faire attention à l'ordre des lettres.

– Dans le mot poing , l'ordre des lettres est o-i-n,

donc je prononce oin.

– Dans le mot pion , l'ordre des lettres est i-o-n,

donc je prononce yon. (Voir Orthographe, page 40)

- **Attention !** Certains mots avec le son oi se prononcent de la même manière mais s'écrivent différemment.

une voie (un chemin) / la voix (quand on parle)

toi (celui à qui on parle) / un toit (la couverture des maisons)

INFO PARENTS

Demandez à votre enfant de faire durer les syllabes qui contiennent les sons « oi » ou « oin » puis d'épeler les lettres du son entendu (o-i / o-i-n).

Je m'entraine

1 Quiz Coche Vrai ou Faux.

a. Dans  j'entends (oin). ☐ Vrai ☐ Faux

b. Dans  j'entends (oin). ☐ Vrai ☐ Faux

c. La voie, c'est ce qu'on entend quand on parle. ☐ Vrai ☐ Faux

2 Entoure les mots qui contiennent le son (oin).

loin	un lion	un avion	je pointe
le témoin	une réunion	des soins	une opinion

3 Complète les mots avec oi ou oin.

a. du p.........son b. c.........cer c. un bout p.........tu d. les ét.........les

e. tr.........s f. l.........tain g. j'ai bes......... h. une p.........re

jeu malin

Écris dans la grille les mots représentés par les dessins.
Tu peux les trouver dans ces deux pages !

a. 

b. 

c. 

d. 

e. 

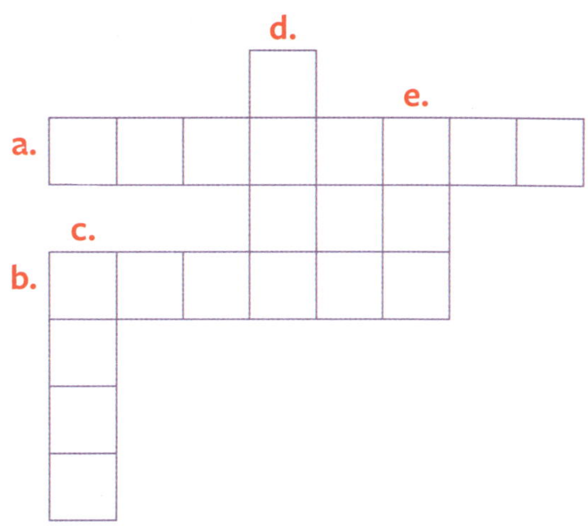

Bravo, tu as terminé ! Entoure ton smiley.

Corrigés page 21 du *Guide parents*

8 Le son (s)

Pour commencer

Dans quel mot entend-on le son « s » : poisson ou poison ?

J'apprends

Ce matin, Luna va au centre de loisirs. Elle joue à chat et fait de la balançoire. Puis elle s'occupe des poissons.

- **Le son (s) peut s'écrire :**

s → une sirène 
s → un obstacle 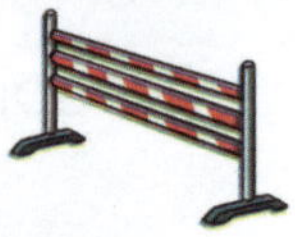
s → le bus 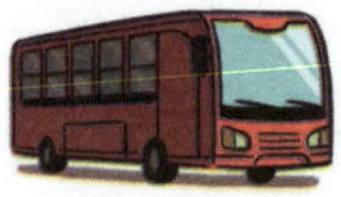

c + e → un pinceau 
c + i → un citron 
c + y → le cygne 

ç + a → une façade 
ç + o → la balançoire 
ç + u → être déçu 

voyelle + ss + voyelle
→ un poisson 

Je comprends comment faire

▶ **Pour écrire le son (s)**

- Je mets **ss entre deux voyelles** sinon la lettre s fait le son (z).

– Pour écrire le mot  , **je repère les lettres avant et après le son (s)**.

– le cou...in : le u et le i sont des voyelles.

– Donc j'écris ss : le coussin.

- Je retiens aussi que **le son (s) s'écrit parfois** sc, t ou x.

la piscine, attention, dix, six, soixante

INFO PARENTS

Aidez votre enfant à retenir les lettres devant lesquelles le c prend une cédille grâce à une petite ritournelle.
Par exemple : *ça ça ço ço çu çu.*

Je m'entraine

1 Quiz Coche les bonnes réponses.

a. Dans  le son (s) s'écrit : ☐ s ☐ ss ☐ c ☐ ç

b. Dans  le son (s) s'écrit : ☐ s ☐ ss ☐ c ☐ ç

c. Dans  le son (s) s'écrit : ☐ s ☐ ss ☐ c ☐ ç

2 Barre les mots dans lesquels on n'entend pas (s).

du poison — une pastèque — la colère — un hérisson — je pense

une grimace — un reçu — un cousin — une glace — la carte

3 Écris s ou ss.

a. un pou.......in
b. un cha.......eur
c. un va.......e
d. la cla.......e
e. je gli.......e
f. j'écra.......e
g. la voi.......ine
h. des chau.......ures

jeu malin

Écris les mots formés par ces rébus.

a.   ....

b.   ....

Bravo, tu as terminé ! Entoure ton smiley. 😐 🙂 😀

Corrigés page 21 du *Guide parents*

9 Le son (k)

Pour commencer

Dans quel mot entend-on le son « k » : décor ou cerise ?

J'apprends

Cléo revient du zoo. Elle est contente car elle a vu un caribou, un crocodile et un charmant koala. Par contre, elle s'est fait piquer par un moustique.

- **Le son (k) peut s'écrire :**

c ⟶ un clown 

c + a ⟶ un caribou 

c + o ⟶ la colle 

c + u ⟶ un cube 

qu ⟶ un moustique 

cc ⟶ un accordéon 

k ⟶ un koala 

Je comprends comment faire

▶ **Pour écrire le son (k)**

- **Quand j'entends (e), (é), (è), (i) après le son (k)**, j'écris presque toujours **qu**.

  un paquet, le requin, remarquer

- Je retiens aussi que le son (k) s'écrit parfois **q**, **ck** ou **ch**.

  cinq, un coq

  un cocker, le bifteck

  l'écho, une chorale

INFO PARENTS

Pour aider votre enfant à distinguer les sons proches « k » et « g », demandez-lui de poser sa main sur sa gorge : si ça vibre, c'est le son « g ».

Je m'entraine

1 Quiz Coche Vrai ou Faux.

a. Dans , le son (k) s'écrit **c**. ☐ Vrai ☐ Faux

b. Dans , le son (k) s'écrit **qu**. ☐ Vrai ☐ Faux

c. Le son (k) peut parfois s'écrire **ch**. ☐ Vrai ☐ Faux

2 Colorie la case à l'endroit où on entend (k).

a. 

☐☐☐

b. 

☐☐☐

c. 

☐☐☐

3 Relie les mots à la lettre du son (k) qu'ils contiennent.

un bouquet •		• quatorze
un crayon •	• c •	• un anorak
une quille •	• k •	• content
le ski •	• qu •	• le cartable

jeu malin

Colorie le chemin des mots avec le son (k) pour permettre au clown de retrouver l'entrée du cirque.

la colle	une cerise	du ciment	un cygne	célèbre
un colibri	un kimono	une barque	une cible	déçu
charmant	une balançoire	le coq	avec	l'ascenseur
le cinéma	décider	une sucette	un accord	le phoque

Bravo, tu as terminé ! Entoure ton smiley. 😐 🙂 😀

Corrigés page 21 du *Guide parents*

10 br, cr, dr, fr, gr, pr, tr, vr/ bl, cl, fl, gl, pl

Pour commencer

Dans quel mot entend-on le son « bl » : blouse ou boule ?

J'apprends

Il y a des travaux dans la rue. Un ouvrier transporte du sable dans une brouette. Un autre cloue deux planches.

Lorsque deux consonnes se suivent, les sons sont un peu plus difficiles à lire et à écrire.

br → une brouette 

dr → un cadre 

fr → une fraise 

gr → la grue 

pr → une prune 

tr → trois 

vr → les lèvres 

bl → du sable 

cl → un clou 

fl → une flamme 

gl → une glace 

pl → une planche 

Je comprends comment faire

▶ Pour distinguer des sons

- **Il faut faire attention à l'ordre des lettres.**

– Je regarde la première lettre.

(k) crabe

– Je regarde la deuxième lettre.

(kr) crabe

INFO PARENTS

Demandez à votre enfant de lire les mots de la rubrique « J'apprends » en exagérant les sons des consonnes qui se suivent. Cela lui permettra de mieux les distinguer.

Je m'entraine

1 Quiz Coche Vrai ou Faux.

a. La première syllabe du mot  s'écrit **gal**. ☐ Vrai ☒ Faux

b. La dernière syllabe du mot  s'écrit **ble**. ☒ Vrai ☐ Faux

c. La première syllabe du mot  est **pru**. ☒ Vrai ☐ Faux

2 Écris les mots avec les syllabes suivantes.

pluie – ta – ma – gre – ra – ti – pa – ble – fro – car – ge

a. 

b. 

c. 

d. 

jeu malin

Écris les mots suivants dans la grille pour trouver le mot mystère dans la zone en gras.

Tu peux t'aider en comptant le nombre de lettres et de cases !

cible – sabre – poutre – princesse – clan

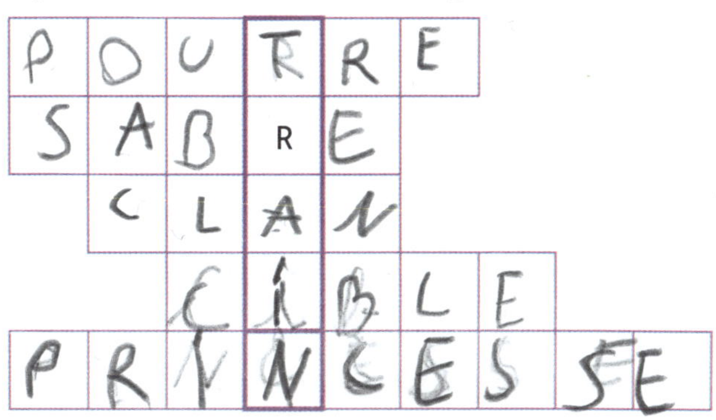

Bravo, tu as terminé ! Entoure ton smiley.

Corrigés page 22 du *Guide parents*

11 Le son g

Pour commencer

Dans quel mot entend-on le son « g » : girafe ou guitare ?

J'apprends

Une guêpe s'approche du gâteau. Elle est attirée par le gout sucré. Maman la coince sous un gobelet pour ne plus se faire embêter.

- **Le son g peut s'écrire :**

g → gris

g + a → un gâteau 

g + o → un gobelet 

g + u → la figure 

gu + e → une guêpe 

gu + i → une guitare 

Je comprends comment faire

▶ **Pour écrire le son g**

- **Quand j'entends e, é, è, i après le son g,** j'écris toujours **gu**.

  un guépard, une bague, guider

- Le son g de quelques mots s'écrit **gg**.

  un toboggan, un jogging

- **Attention !** La lettre **c** dans le mot se<u>c</u>onde **s'entend g**.

INFO PARENTS

Aidez votre enfant à retenir les lettres devant lesquelles le *g* se prononce « g » grâce à une petite ritournelle.
Par exemple : *gaga gogo gugu*.

Je m'entraine

1 Quiz Coche les bonnes réponses.

a. Dans  le son (g) s'écrit : ☐ g ☐ gu

b. Dans  le son (g) s'écrit : ☐ g ☐ gu

c. Le son (g) peut aussi s'écrire : ☐ j ☐ gg

2 Colorie les dessins selon ce que tu entends en suivant le code.

■ ga ■ go ■ gue ■ gui

a. 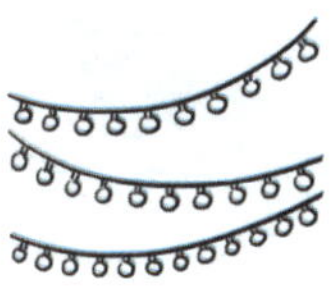

c. 

e. 

g. 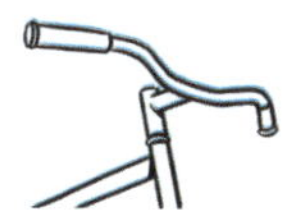

b. 

d. 

f. 

h. 

3 Écris g ou gu.

a. un ....arage b. un dé........isement c. dé........uster d. une ....enon

jeu malin

Écris dans la grille les mots représentés par les dessins.

a. 

b. 

c. 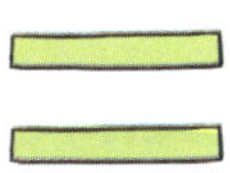

d. 

e. 

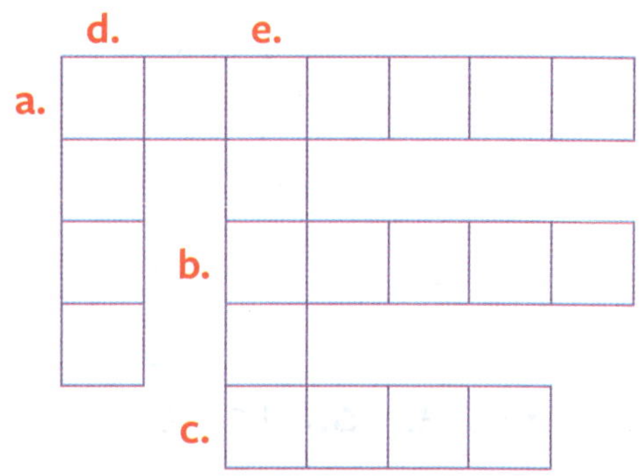

Bravo, tu as terminé ! Entoure ton smiley. 😐 🙂 😀

Corrigés page 22 du *Guide parents*

12 Le son (j)

Pour commencer

Dans quel mot entend-on le son « j » : araignée, neige, guépard ?

J'apprends

C'est déjà le printemps ! Les beaux jours arrivent. Mais il faut faire attention à ce que le givre ne brule pas les fragiles bourgeons.

• **Le son (j) peut s'écrire :**

j → une jupe

j → un pyjama

g + e → un manège

g + i → une girafe

ge + a → un geai

ge + o → le bourgeon

Je comprends comment faire

▶ **Pour écrire les mots avec la lettre g**

• **La lettre g** est utile à plusieurs sons. **Il faut bien regarder la lettre qui suit le g.**

Elle se prononce (g) **devant a, o, u.** — un gâteau

Elle se prononce (j) **devant e ou i.** — une bougie

Elle se prononce (gn) **devant la lettre n.** — une baignoire

INFO PARENTS

Pour aider votre enfant à distinguer les sons proches « j » et « ch », demandez-lui de poser sa main sur sa gorge : si ça vibre, c'est le son « j ».

Je m'entraine

1 Quiz Coche Vrai ou Faux.

a. Dans , le son (j) s'écrit j. ☐ Vrai ☐ Faux

b. Dans , le son (j) s'écrit g. ☐ Vrai ☐ Faux

c. La lettre g se prononce toujours (j). ☐ Vrai ☐ Faux

2 Entoure les mots dans lesquels on entend (j).

une bougie – un parachute – une araignée – un gorille – des jumelles
une luge – un journal – un guidon – une girafe – une orangeade

3 Récris les mots en remettant les syllabes dans l'ordre.

a. 

ge | nua

....

b. 

gleur | jon

....

c. 

di | jar | nier

....

d. 

ma | ge | fro

....

jeu malin

Colorie le chemin des mots avec le son (j) pour permettre au geai de retrouver l'entrée de la cage.

le pyjama	un pigeon	au galop	cogner	la figure
un dragon	jaune	un peigne	une glace	la bagarre
le gouter	une page	un escargot	gris	un brugnon
grâce	le garage	une joue	des bijoux	déjà

Bravo, tu as terminé ! Entoure ton smiley.

Corrigés page 22 du *Guide parents*

13 Le son gn

Pour commencer

Dans quel mot entend-on le son « gn » : règle, châtaigne, girafe ?

J'apprends

Dans la forêt près de la montagne, je ramasse des châtaignes et des champignons. Je les mets dans un panier. En me relevant, je me cogne à la branche d'un arbre. Heureusement, je ne me suis pas fait mal !

• **Le son gn s'écrit :**

gn → un champignon 

gn → une châtaigne 

ni → un panier 

ni → un fanion 

Je comprends comment faire

▶ **Pour distinguer les sons gn et g**

• **Attention !** Il faut bien **regarder les lettres** pour ne pas se tromper de son.

– g + n c'est le son gn.

– g + u c'est le son g.

INFO PARENTS

Aidez votre enfant à repérer la place de la langue pour distinguer les graphies *ni* et *gn*.
Pour *ni*, le bout de la langue touche les dents du haut. Pour *gn*, le dos de la langue touche le palais.

Je m'entraine

1 Quiz Coche les bonnes réponses.

a. Le son (gn) dans  s'écrit : ☐ ni ☐ gn

b. Le son (gn) dans  s'écrit : ☐ ni ☐ gn

c. g + u, ça fait le son : ☐ (g) ☐ (gn)

2 Entoure les dessins quand on entend (gn).

a. 

c. 

e. 

g. 

b. 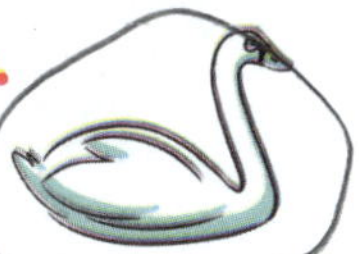

d. 

f. 

h. 

3 Complète avec gn ou ni.

a. un champi.....on
b. une ca.....otte
c. une réu.....on
d. le ga.....ant
e. un a.....eau
f. une opi.....on
g. la li.....e
h. gro.....on

jeu malin

Entoure les mots dans la grille.

beignet – cogner – gagner – junior – panier – trognon

D	B	G	J	T	O
C	E	A	U	R	P
O	I	G	N	O	A
G	G	N	I	G	N
N	N	E	O	N	I
E	E	R	R	O	E
R	T	O	C	N	R

Bravo, tu as terminé ! Entoure ton smiley.

Corrigés page 22 du *Guide parents*

Français

14 Le son (ill)

Pour commencer

Dans quel mot entend-on le son « ill » : pile, fille, belle ?

J'apprends

Hier, Ludo a ramassé des coquillages pour faire un collier à sa mamie. Pour le remercier, elle lui offre un yaourt à la myrtille et un biscuit à la vanille.

• **Le son (ill) peut s'écrire :**

i + voyelle →
- une alliance 
- un collier 
- un avion 

ill →
- un coquillage 
- une myrtille 

y + voyelle →
- un yaourt 
- un crayon 
- les yeux 

Je comprends comment faire

• **Quand la lettre y** n'est pas devant une voyelle, **elle se prononce** (i).

une mygale, un gyrophare, un lys

• **Attention !** Les lettres ill se lisent (il) dans quelques cas.

une ville, tranquille, mille

INFO PARENTS

Fabriquez avec votre enfant un jeu de loto avec des cartes de mots contenant le son « ill » ainsi que des papiers avec les mêmes mots écrits pour le tirage.

Je m'entraine

1 Quiz Coche les bonnes réponses.

a. Dans  le son (ill) s'écrit : ☐ y ☐ ill ☒ i

b. Dans  le son (ill) s'écrit : ☒ y ☐ ill ☐ i

c. Dans  le son (ill) s'écrit : ☐ y ☒ ill ☐ i

2 Coche la case quand tu entends (ill).

a.  ☐ ☐ ☒

b.  ☐ ☒

c.  ☒ ☐

d.  ☒ ☐

3 Recopie les mots dans la bonne colonne.

un yoyo – le pyjama – le cahier – un stylo – tranquille – un gorille

i ou y (ill)	i ou y (pas ill)
un yoyo	le pyjama
le cahier	un stylo
un gorille	tranquille

jeu malin

Écris les mots représentés par les dessins dans la grille.

a. 

b. 

c. 

d. 

e. 

a. MYRTILLE
b. COLLIER
c. GORILLE
d. YAOURT
e. LION

Bravo, tu as terminé ! Entoure ton smiley.

15 Les sons (ail), (eil), (ouil), (euil)

Pour commencer

Dans quel mot entend-on le son « ail » : payer, paille, plier ?

J'apprends

Près du vieil épouvantail, Julie découvre une grenouille et une citrouille. Vont-elles se transformer en prince et carrosse merveilleux?

• **Le son (ail) peut s'écrire :**

ail → un épouvantail 

aille → une médaille 

• **Le son (eil) peut s'écrire :**

eil → le soleil 

eille → une corbeille 

• **Le son (ouil) peut s'écrire :**

ouil → du fenouil 

ouille → une grenouille 

• **Le son (euil) peut s'écrire :**

euil → un fauteuil 

euille → une feuille 

Je comprends comment faire

• **Je dois faire très attention au premier son que j'entends.**

– Dans , j'entends (a) puis (ill). J'écris donc une p**aill**e.

– Dans 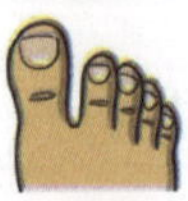, j'entends (è) puis (ill). J'écris donc un ort**eil**.

– Dans , j'entends (ou) puis (ill). J'écris donc une citr**ouille**.

– Dans , j'entends (eu) puis (ill). J'écris donc un écur**euil**.

INFO PARENTS

Demandez à votre enfant d'exagérer et prolonger le son juste avant « ill » pour trouver la bonne graphie.

Je m'entraine

1 Quiz Coche Vrai ou Faux.

a. Dans , la fin du mot s'écrit **eil**. ☐ Vrai ☐ Faux

b. Dans , la fin du mot s'écrit **ouille**. ☐ Vrai ☐ Faux

c. Dans , la fin du mot s'écrit **ouil**. ☐ Vrai ☐ Faux

2 Entoure les mots dans lesquels on entend eil.

un appareil – une abeille – une pelle – l'oreille – du miel

3 Entoure les mots dans lesquels on entend ail.

une aile – *une bataille* – travailler – *une vallée* – une groseille

4 Complète les mots avec aille, eille ou ouille.

a. une can..........
b. une bout..........
c. une chat..........
d. une m..........
e. je me m..........
f. une merv..........
g. je trav..........
h. une corb..........

jeu malin

Trouve dans la grille les mots suivants.

a. Le nom d'un plat avec des légumes d'été → la ....

b. Le nom d'un jeu de cartes → la ....

c. Le nom d'un tout petit fruit rouge → la ....

d. Le nom d'un animal qui porte deux bois → le ....

O	B	P	R	U	C	J	E	K	O	I
R	A	T	A	T	O	U	I	L	L	E
A	T	D	W	G	J	O	U	E	P	M
T	A	G	R	O	S	E	I	L	L	E
R	I	S	S	Y	L	U	M	V	N	A
A	L	C	H	E	V	R	E	U	I	L
Z	L	E	U	I	O	P	M	V	B	N
S	E	D	T	E	R	O	I	V	P	S

Bravo, tu as terminé ! Entoure ton smiley.

Corrigés page 23 du *Guide parents*

16 *m* devant *b* et *p*

Pour commencer
Quelles lettres y a-t-il après le son « on » : combien, compter ?

J'apprends

Cette fanfare est impressionnante ! Il y a un tambour, deux trompettes, un trombone, des cymbales et un tuba. Ça donne envie de bouger !

• **Devant les lettres b et p, les sons (an), (on), (in) s'écrivent :**

om → un trombone 
om → une trompette 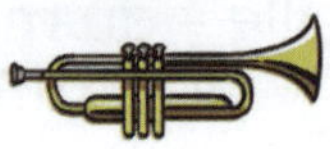

em → un embouteillage 
em → un tremplin 

im → un timbre 
im → un imperméable 

am → un tambour 
am → un tampon 

ym → des cymbales 

Je comprends comment faire

▶ **Pour repérer le son (an), (on) ou (in) selon la lettre qui suit**

• **Si c'est un b ou un p**, je termine le son (an), (on) ou (in) par la **lettre m**.

→ Dans , j'entends le son (p) après le son (an).

J'écris : une ampoule.

• **Si c'est une autre lettre**, je laisse **la lettre n**.

→ Dans 5, j'entends le son (k) après le son (in). J'écris : cinq.

INFO PARENTS

Incitez votre enfant à prononcer les mots en détachant chaque syllabe. Il repérera mieux les lettres (en première position de la syllabe) qui suivent le son « an », « on » ou « in ».

Je m'entraine

1 Quiz Coche les bonnes réponses.

a. Dans  le son (an) s'écrit : ☐ an ☐ en ☐ am ☐ em

b. Dans 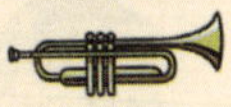 le son (on) s'écrit : ☐ on ☐ om

c. Les lettres devant lesquelles le **n** se transforme en **m**, sont : ☐ b ☐ d ☐ p ☐ q

2 Entoure les lettres des sons (an), (en), (on), (in) et récris les mots dans le tableau.

onze – la campagne – imprévu – un enfant – une tombola – incroyable

an, en, on, in	am, em, om, im

3 Complète les mots avec l'écriture demandée.

en em

a. la t.........pête – le c.........tre – il tr.........ble

in im

b. s.........ple – le couss......... – du v.........

jeu malin

Écris les mots suivants dans la grille pour trouver le mot mystère.

Tu peux t'aider en comptant le nombre de lettres et de cases !

compter – pompe – chant – jambon – camp

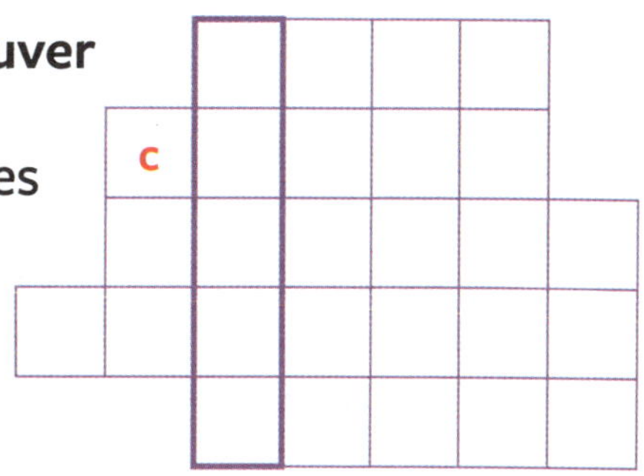

Bravo, tu as terminé ! Entoure ton smiley.

Corrigés page 23 du *Guide parents*

17 La phrase

Pour commencer

Quel groupe de mots a un sens : *chat miaule le, le chat miaule ?*

J'apprends

Léa doit apprendre sa poésie. Comment faire pour être rapide? C'est facile! Il suffit d'avoir les images dans sa tête et de suivre l'histoire.

- **Une phrase** est un **groupe de mots qui a du sens** :
  - elle indique de qui ou de quoi on parle;
  - elle raconte quelque chose.

  Léa doit apprendre sa poésie.

  De qui ou de quoi on parle? de Léa.

  Que raconte-t-on? qu'elle doit apprendre sa poésie.

- **Une phrase commence par une majuscule et se termine par un point.**

Dans le texte, il y a 4 points, donc 4 phrases.

- **En plus du point simple**, il existe d'autres points :
  - le **point d'interrogation ?** permet de poser une question;
  - le **point d'exclamation !** indique la joie, la surprise, la colère...

Je comprends comment faire

▶ Pour distinguer les lignes et les phrases

1	Léa doit apprendre sa poésie.
2	Comment faire pour être rapide?
3	C'est facile! Il suffit d'avoir les images
4	dans sa tête et de suivre l'histoire.

Le texte est le même que dans la partie «J'apprends».

Il y a donc le **même nombre de phrases (4)**.

- Mais **le nombre de lignes varie**.
- Dans la partie «J'apprends», il y a 3 lignes.
- Dans l'encadré, il y a 4 lignes.

→ **Je ne dois donc pas confondre lignes et phrases.**

INFO PARENTS

Demandez à votre enfant, lorsqu'il lit, de marquer une pause dès qu'il voit un point en tapant dans ses mains par exemple. Cela l'aidera à mieux repérer les phrases.

Je m’entraine

1 Quiz Coche Vrai ou Faux.

a. Une phrase a du sens. ☐ Vrai ☐ Faux

b. Une phrase se termine toujours par un point simple. ☐ Vrai ☐ Faux

c. Le nombre de lignes et de phrases est toujours le même. ☐ Vrai ☐ Faux

2 Entoure la phrase qui correspond à l’illustration.

a. Noé est une pomme.

b. La pomme mange Noé.

c. Noé mange deux pommes.

d. Noé mange une pomme.

3 Remets les mots dans l’ordre puis écris des phrases. Tu peux t’aider des majuscules et des points.

a. en gare. entre Le train → ....

b. au parc. irons Nous → ....

c. À quelle mange? on heure → ....

d. son fait Gustave lit. → ....

jeu malin

Aide-toi du code pour déchiffrer la phrase mystère.

A	C	D	E	F	H	I	L	P	R	S	T
Ⅱ	●	♓	⌑	💧	▶	□	⌖	★	☼	♒	❄

●’⌑♒❄ 💧Ⅱ●□⌖⌑ ♓’⌑●☼□☼⌑ ♓⌑♒ ★▶☼Ⅱ♒⌑♒ !

....

....

Bravo, tu as terminé ! Entoure ton smiley. 😐 🙂 😀

Corrigés page 23 du *Guide parents*

Grammaire

18 Le nom

Pour commencer

Est-ce qu'on dit : un grenouille ou une grenouille ?

J'apprends

La fée lève la baguette magique.
Elle prononce une formule
et transforme le lit en un lapin blanc.

- **Un nom** désigne :

– une **personne** 

– un **animal** 

– une **chose** 

- Le mot placé devant le nom est un **article**.

la fée, le lit, un lapin, une baguette

Je comprends comment faire

▶ Pour repérer les noms propres

Victor · la porte · une carotte · une tortue · l'Allemagne · le pantalon · Julie · Paris · un avion · la France · un jardin

- Je remarque que **certains mots ont une majuscule**.
Ce sont des noms qui désignent des **personnes**, des **pays**, des **villes**.
Ce sont des **noms propres**. Certains sont accompagnés d'un article, d'autres pas.

- Les autres noms sont appelés des **noms communs**.

INFO PARENTS

Demandez à votre enfant de faire une chasse aux noms, en désignant tout ce qui l'entoure (choses, personnes, animaux) et en employant un article pour accompagner les noms communs.

Je m'entraine

1 Quiz Coche les bonnes réponses.

a. Un nom peut désigner : ☐ un animal ☐ une personne ☐ un article

b. Les noms propres ont toujours : ☐ une majuscule ☐ un article

c. La France est un nom : ☐ commun ☐ propre

2 Colorie les personnes en rouge, les animaux en vert et les choses en jaune.

a. 

c. 

e. 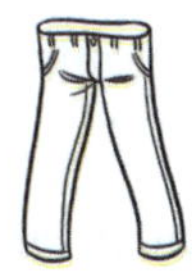

g. 

b. 

d. 

f. 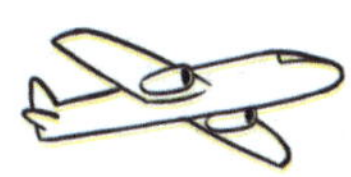

h. 

3 Entoure les noms et souligne les articles dans les phrases suivantes.

a. La maison est grande.

b. Je voudrais acheter un pyjama.

c. L'orange sent bon.

d. Le lion court après une gazelle.

jeu malin

Écris dans la grille les noms illustrés.
Tu peux les trouver dans ces deux pages !

a. 

d. 

b. 

c. 

e. 

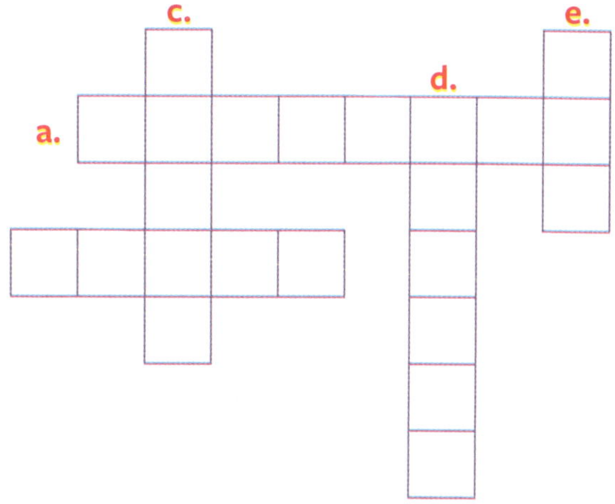

Bravo, tu as terminé ! Entoure ton smiley.

Corrigés page 23 du *Guide parents*

19 Le masculin et le féminin

Pour commencer
Une infirmière désigne une fille ou un garçon ?

J'apprends

Sous le chapiteau, on entend un cri énorme. C'est l'éléphant qui barrit. Il a vu une souris qui s'approchait de la mangeoire.

- Les noms devant lesquels on peut écrire **un** ou **le** sont des **noms masculins**.

→ chapiteau, cri sont des noms masculins.

- Les noms devant lesquels on peut écrire **une** ou **la** sont des **noms féminins**.

→ souris, mangeoire sont des noms féminins.

- Pour les noms accompagnés de **l'**, il faut utiliser **un** ou **une**.

→ l'éléphant. On peut dire un éléphant, donc c'est un nom masculin.

Je comprends comment faire

▶ Pour trouver le genre de certains noms

un tour  / une tour  un moule  / une moule 

un mousse  / la mousse 

- Je remarque que **certains mots peuvent vouloir dire des choses différentes**.

tour, moule, mousse

- Ces mots sont accompagnés de **un** ou de **une**. Ils peuvent être au **masculin** ou au **féminin**.
- Pour trouver le genre (masculin ou féminin), **c'est le contexte de la phrase** (les autres mots) **qui va m'aider**.

INFO PARENTS

Fabriquez avec votre enfant un jeu de cartes avec d'un côté des noms représentés par des dessins, et de l'autre le genre du nom. Votre enfant pourra ainsi s'entrainer à distinguer le masculin du féminin.

Je m'entraine

1 Quiz Coche Vrai ou Faux.

a. On peut utiliser **un** ou **le** devant les noms féminins. ☐ Vrai ☐ Faux

b. **Éléphant** est un nom masculin car on peut dire **un éléphant**. ☐ Vrai ☐ Faux

c. **Souris** est un nom féminin car on peut dire **la souris**. ☐ Vrai ☐ Faux

2 Relie les articles aux noms qu'ils peuvent accompagner et écris si c'est du masculin ou du féminin.

le •

la •

- voiture (......................)
- chemin (......................)
- dromadaire (......................)
- clémentine (......................)
- clé (......................)
- raisin (......................)

3 Écris un ou une.

a. Dans ...... trousse, il y a ...... crayon, ... règle, ... gomme, ... stylo rouge.

b. Paul s'habille. Il met ...... slip, ... chemise, ... pantalon et ...... pull.

c. Sur ...... plage, je peux trouver ...... coquillage, ... galet, ... moule, ... algue.

jeu malin

Colorie le chemin des noms féminins pour permettre à la grenouille de retrouver la mare.

singe	lit	cou	souris	girafe
éléphant	cirque	loup	fleur	gant
camion	renard	chou	fée	fauteuil
pantalon	jupe	raquette	fusée	bébé
cerise	sirène	vélo	gâteau	ballon

Bravo, tu as terminé ! Entoure ton smiley.

Corrigés page 23 du *Guide parents*

20 Le singulier et le pluriel

Pour commencer

Combien y a-t-il de livres quand on dit « des livres » : un seul ou plusieurs ?

J'apprends

Pour le gâteau, j'ai besoin d'acheter des œufs, de la farine, des pommes et une banane.
Vite ! Allons chercher les ingrédients !

• Quand on met **un**, **une**, **le** ou **la** devant un nom, il est au **singulier** : il n'y en a **qu'un seul**.

une banane 

le gâteau 

• Quand on met **des** ou **les** devant un nom, il est au **pluriel** : il y en a **plusieurs**.

des œufs 

des pommes 

Je comprends comment faire

▶ Pour écrire des noms au pluriel

une table, des tables
le lit, les lits
la fleur, les fleurs
l'ingrédient, les ingrédients

• Je mets **souvent un s à la fin du nom**.

les ingrédients

• Je mets un **x à la fin de certains noms**.

les bateaux

INFO PARENTS

Fabriquez avec votre enfant un jeu de mémory avec des noms au singulier écrits sur la moitié des cartes et les pluriels sur l'autre moitié.

Je m'entraine

1 Quiz Coche les bonnes réponses.

a. **Les** et **des** sont des articles qui marquent : ☐ le pluriel ☐ le singulier

b. À la fin des noms au pluriel, il faut ajouter : ☐ p ☐ t ☐ s

c. Si j'écris **des pommes**, c'est : ☐ le pluriel ☐ le singulier

d. Au pluriel certains noms ont ☐ e ☐ x ☐ d

2 Entoure l'article qui convient.

a. un / des chien

b. la / les chèvres

c. une / des pirouette

d. le / les jours

e. une / des dents

f. la / les lunettes

g. un / des musée

h. le / les déguisement

3 Écris les noms suivants au pluriel.

a. une otarie → des ....

b. un blouson → des ....

c. le poisson → les ....

d. la main → les ....

e. une chaussette → des ....

f. la matinée → les ....

g. un médecin → des ....

h. le pain → les ....

jeu malin

Entoure les 5 noms au pluriel écrits dans la grille. Aide-toi des lettres S.

C	A	H	I	E	R	J	P
S	G	L	A	C	E	S	N
I	F	S	R	O	I	S	I
V	O	I	T	U	R	E	S
G	D	A	N	S	E	S	A

Bravo, tu as terminé ! Entoure ton smiley.

Corrigés page 24 du *Guide parents*

Grammaire

21 Le verbe et les pronoms personnels

Pour commencer

Louis mange une glace.
De qui parle-t-on ?
Que fait-il ?

J'apprends

Je rentre de colonie. Mon père sort le sac de linge sale. Il place les affaires dans le lave linge. Puis il range ma valise dans le débarras.

- Dans une phrase, **le mot qui indique** l'**action** est **le verbe**. C'est lui qui précise ce que fait celui dont on parle.

→ Dans le texte, il y a 4 actions représentées chacune par un dessin. Les verbes sont : rentre, sort, place, range.

- **je**, **tu**, **il**, **elle**, **nous**, **vous**, **ils**, **elles sont** des pronoms personnels. Ils **permettent de conjuguer le verbe**, c'est-à-dire de le faire varier.

je rentre, nous rentrons

Je comprends comment faire

▶ Pour remplacer un nom par il / ils / elle / elles

il ↓	ils ↓	elle ↓	elles ↓
• Pour ne pas répéter un nom masculin.	**• Si le nom masculin est au pluriel.**	**• Pour ne pas répéter un nom féminin.**	**• Si le nom féminin est au pluriel.**
Mon père sort le sac. **Il** place les affaires dans le lave linge.	**Les vêtements** sont sales. **Ils** sentent mauvais.	**La brebis** allaite son petit. **Elle** fait attention à lui.	**Les chaussettes** vont par deux. **Elles** sont toutes blanches.

INFO PARENTS

Fabriquez un jeu de dominos avec votre enfant : d'un côté un dessin de fruit (un ou plusieurs), de l'autre un pronom personnel (il, ils, elle, elles) autre que celui qui remplace le nom dessiné.

Je m'entraine

1 Quiz Coche Vrai ou Faux.

a. Les pronoms sont les mots qui indiquent l'action. ☐ Vrai ☐ Faux

b. **Elle** est un pronom personnel. ☐ Vrai ☐ Faux

c. Le verbe précise ce que fait celui dont on parle. ☐ Vrai ☐ Faux

2 Entoure le verbe de chaque phrase.

a. Le lion rugit.

b. Maël fait ses devoirs.

c. Le clown arrose le public.

d. Tu écoutes une chanson.

e. Vous mangez des bonbons.

f. Les boulangers vendent du pain.

g. Elle dort profondément.

h. Il cherche un trésor.

3 Récris les phrases en remplaçant le groupe en gras par un pronom personnel.

a. **Johann** mange des cerises. ....

b. **Les cloches** retentissent. ....

c. **La girafe** s'approche de la rivière. ....

d. **Mes frères** font du vélo. ....

jeu malin

Décode ces rébus pour trouver des verbes.

 ....

 ....

 ....

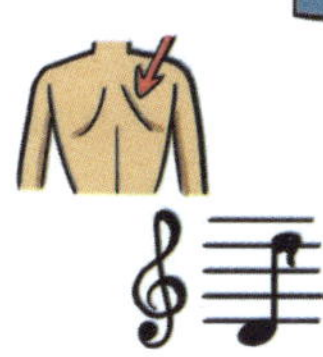 ....

Bravo, tu as terminé ! Entoure ton smiley.

Corrigés page 24 du *Guide parents*

Grammaire

22 être et avoir

Pour commencer
Comment s'appelle le mot qui désigne l'action dans une phrase ?

J'apprends

Nous **sommes** en vacances.
La vue sur la montagne **est** magnifique !
Nous **avons** de la chance !

- **Être** et **avoir** sont des verbes qu'on utilise souvent.
Il faut bien les connaitre.

Être	Avoir
je suis	j'ai
tu es	tu as
il est	il a
elle est	elle a
nous sommes	nous avons
vous êtes	vous avez
ils sont	ils ont
elles sont	elles ont

Je comprends comment faire

▶ Pour conjuguer *être et avoir*

- Pour m'aider à conjuguer le verbe être, j'ajoute «rapide».
je suis rapide, tu es rapide...

- Pour m'aider à conjuguer le verbe avoir, j'ajoute «faim».
j'ai faim, tu as faim...

INFO PARENTS
Demandez à votre enfant de décrire une personne de sa famille en utilisant des pronoms personnels pour éviter de se répéter.

Je m'entraine

1 Quiz Coche Vrai ou Faux.

a. je suis est une conjugaison du verbe : ☐ être ☐ avoir

b. elle a est une conjugaison du verbe : ☐ être ☐ avoir

c. vous êtes est une conjugaison du verbe : ☐ être ☐ avoir

2 Entoure l'intrus de chaque série.

a. je suis – tu es – il a – nous sommes

b. tu as – elle a – vous êtes – ils ont

c. nous sommes – elles ont – elle est – tu es

d. vous avez – ils sont – j'ai – nous avons

3 Complète les phrases avec le verbe être.

a. Nous .... prêts pour le départ.

b. Tu .... très malin !

c. Ils .... arrivés de bonne heure.

d. Vous .... les gagnants du jeu.

jeu malin

Colorie le chemin du verbe avoir pour que les pronoms *je, tu, il, elle* retrouvent les pronoms *nous, vous, ils, elles*.

	est	suis	sont	va	êtes	sont	
	sommes	ai	ont	a	sommes	es	
	êtes	avez	vont	avez	es	est	nous,
je, tu,	a	as	sommes	ont	as	vas	vous,
il, elle →	avons	lavons	est	sont	ai	avons	→ ils, elles

Bravo, tu as terminé ! Entoure ton smiley.

Corrigés page 24 du *Guide parents*

Pour commencer
Que trouve-t-on dans l'alphabet ?

23 L'alphabet

J'apprends

• **Dans l'alphabet, il y a 26 lettres : 20 consonnes et 6 voyelles.**

a	b	c	d	e	f	g	h	i	j	k	l	m
a	b	c	d	e	f	g	h	i	j	k	l	m
n	o	p	q	r	s	t	u	v	w	x	y	z
n	o	p	q	r	s	t	u	v	w	x	y	z

Je comprends comment faire

▶ Pour utiliser l'ordre alphabétique

• **Pour ranger des mots dans l'ordre alphabétique,** je regarde **la première lettre de chaque mot.** Puis **je compare les places des lettres dans l'alphabet.**

château
maison

→ La lettre **c** de château est avant la lettre **m** de maison.
Donc dans l'ordre alphabétique, c'est d'abord *château* puis *maison*.

→ **ch**at et **ch**ien ont leur deux premières lettres identiques. Je regarde donc la troisième lettre pour savoir lequel des deux mots est placé avant l'autre dans le dictionnaire.

chat
chien

• Grâce à l'ordre alphabétique, je peux **trouver un mot dans le dictionnaire**.

INFO PARENTS
Incitez votre enfant à réciter l'alphabet sur l'air d'une petite chanson. Il pourra ainsi mieux se le rappeler.

Je m'entraine

1 Quiz Coche Vrai ou Faux.

a. Il y a 26 lettres dans l'alphabet. ☐ Vrai ☐ Faux

b. La lettre e est une voyelle. ☐ Vrai ☐ Faux

c. Il y a 21 consonnes. ☐ Vrai ☐ Faux

2 Écris les lettres qui manquent.

a b c	....	h i j	....	o p q	....	v w	....

3 Colorie la première lettre des mots, puis récris les mots de chaque série dans l'ordre alphabétique.

a. girafe – ours – éléphant ....

b. cartable – trousse – gomme ....

c. pantalon – jupe – robe ....

jeu malin

Colorie le chemin des voyelles pour permettre à l'abeille de rejoindre le miel.

A	b	s	g	k	e	i
E	o	j	a	e	o	m
F	u	i	y	r	z	n
H	d	q	p	t	x	c

Bravo, tu as terminé ! Entoure ton smiley. 😐 🙂 😀

Corrigés page 24 du *Guide parents*

24 Les mots-étiquettes

Pour commencer
À quel groupe appartiennent l'éléphant, la girafe, l'aigle, le chat ?

J'apprends

Maman demande à Gad de ranger la vaisselle. Gad dépose les assiettes, les verres, les fourchettes, les couteaux et les cuillères dans l'armoire de la cuisine.

• **Certains mots qui appartiennent au même thème, au même domaine peuvent être regroupés dans la même collection, sous le même mot-étiquette**.

les assiettes, les verres, les fourchettes, les couteaux et les cuillères peuvent être regroupés sous le mot-étiquette vaisselle.

Je comprends comment faire

▶ Pour créer une carte mentale à partir d'un mot-étiquette

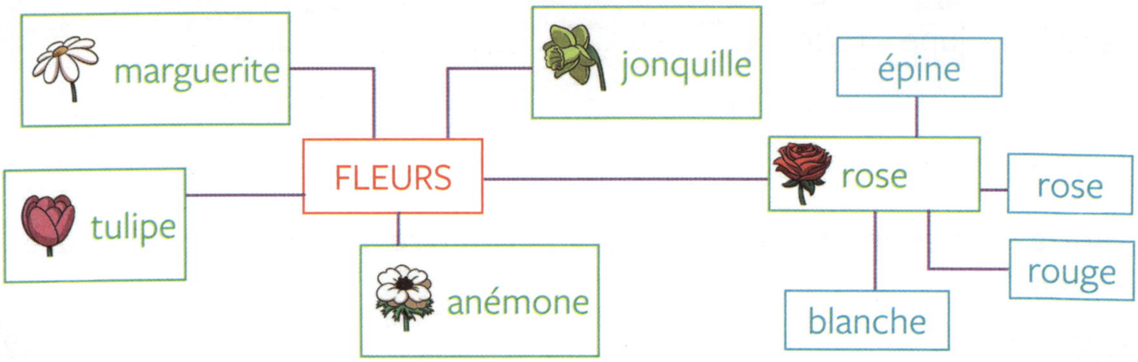

• Je remarque le **mot central** écrit en rouge : «fleurs».
C'est le mot-étiquette.

Tout autour, je vois des noms qui appartiennent au **même groupe** des fleurs.

Autour du mot «rose», je lis des mots auxquels me fait penser le mot «rose». Je pourrais continuer ainsi pour chacune des fleurs.

• **La carte mentale est un moyen de représenter les collections à partir d'un mot-étiquette.**

INFO PARENTS

Votre enfant peut jouer au jeu du baccalauréat avec des catégories comme *fleur*, *pays*, *animal*...

Je m'entraine

1 Quiz Coche les bonnes réponses.

a. Un mot-étiquette regroupe plusieurs mots appartenant :

☐ au même domaine. ☐ à des domaines différents.

b. *Les fourchettes*, *les couteaux* et *les assiettes* appartiennent au groupe :

☐ vêtements. ☐ vaisselle.

c. Le moyen de représenter la collection d'un mot-étiquette s'appelle :

☐ une puce. ☐ une carte mentale.

2 Relie le mot-étiquette à la collection correspondante.

meubles •	• bleu – vert – jaune – violet – rouge
couleurs •	• pigeon – colibri – pélican – merle – corbeau
bijoux •	• bracelet – bague – broche – pendentif – montre
oiseaux •	• fauteuil – table – armoire – chaise – lit

3 Écris les mots sous le bon mot-étiquette.

perceuse – natation – médecin – camion – juillet

métiers	mois	sports	outils	véhicules
....	....	....	....	....

jeu malin

Entoure dans la grille les mots-étiquettes correspondant aux collections suivantes.

a. camembert – comté – gruyère

b. marronnier – sapin – chêne

c. truite – saumon – carpe

d. robe – pantalon – chemise

S	A	R	T	A	R	B	R	E	S
V	E	T	E	M	E	N	T	S	I
E	S	T	I	D	O	U	P	M	C
O	F	R	O	M	A	G	E	S	O
I	U	P	O	I	S	S	O	N	S

Bravo, tu as terminé ! Entoure ton smiley.

Corrigés page 24 du *Guide parents*

25 Écrire une lettre

Pour commencer
Que peut-on écrire pour donner de ses nouvelles ?

J'apprends

Au Bois-plage, le 15 juillet 2020 ← Lieu et date où la lettre est écrite

Personne à qui on écrit → Ma chère mamie,

J'espère que tu n'es plus enrhumée.
Mes vacances à l'île de Ré se déroulent super bien !
Je vais à la plage tous les jours et je me suis fait de nouveaux amis : Fabio, Luna et Carla. ← Informations qu'on veut donner
Est-ce que nous irons à Avignon quand je viendrai chez toi en aout ? J'ai hâte de te voir.

Je te fais de gros bisous. ← Formule d'affection ou de politesse

Signature → Jules

Je comprends comment faire

▶ Pour présenter l'enveloppe

- J'écris au centre de l'enveloppe.

Je commence par **le prénom** et **le nom de la personne à qui j'envoie la lettre**.
Puis j'écris **l'adresse avec le numéro et le nom de la rue**.
Je termine par **le code postal** (nombre à 5 chiffres) **et le nom de la ville**.

- Je n'oublie pas le timbre.

INFO PARENTS
Incitez votre enfant à écrire des lettres ou cartes postales à des membres de sa famille ou à des amis lors de ses vacances.

Je m'entraine

1 Quiz Coche Vrai ou Faux.

a. Une lettre commence par une signature. ☐ Vrai ☐ Faux

b. Après les informations, il y a une formule de politesse ou d'affection. ☐ Vrai ☐ Faux

c. On écrit l'adresse sur la lettre. ☐ Vrai ☐ Faux

2 Remets dans l'ordre les parties de la lettre pour lire la réponse de la mamie de Jules.

1	Je suis contente de savoir que tu profites de tes vacances à l'île de Ré. Je ne suis plus malade et j'ai moi aussi hâte de te voir ! J'ai prévu tout un programme. Et c'est promis, nous irons danser sur le pont d'Avignon quand tu viendras !
2	Mon petit-fils adoré,
3	Nîmes, le 21 juillet 2020
4	Mamie
5	Plein de gros bisous mon petit Jules.

jeu malin

Écris dans la grille les mots qui correspondent aux définitions suivantes.

a. Celui qui écrit la met à la fin de la lettre.

b. Il ne faut pas oublier de le coller sur l'enveloppe.

c. On l'écrit à côté de la date.

d. On l'écrit sur l'enveloppe pour qu'elle arrive au bon endroit.

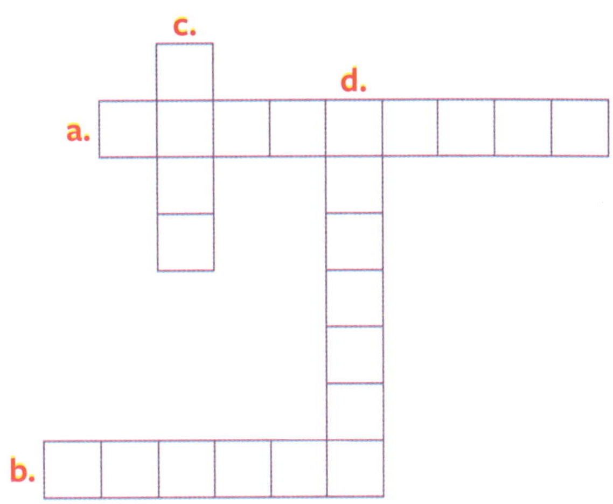

Bravo, tu as terminé ! Entoure ton smiley.

MATHÉMATIQUES

→ Des exercices interactifs sur
www.hatier-entrainement.com

1 Les nombres de 0 à 10

Pour commencer
Combien de nains prennent soin de Blanche-Neige ?

J'apprends

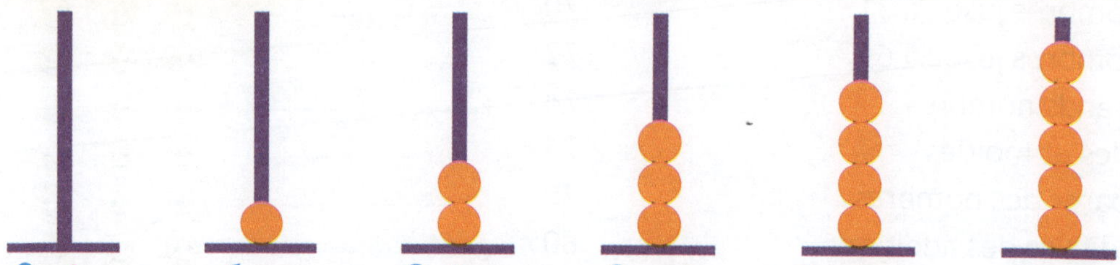

0 zéro — 1 un — 2 deux — 3 trois — 4 quatre — 5 cinq

6 six — 7 sept

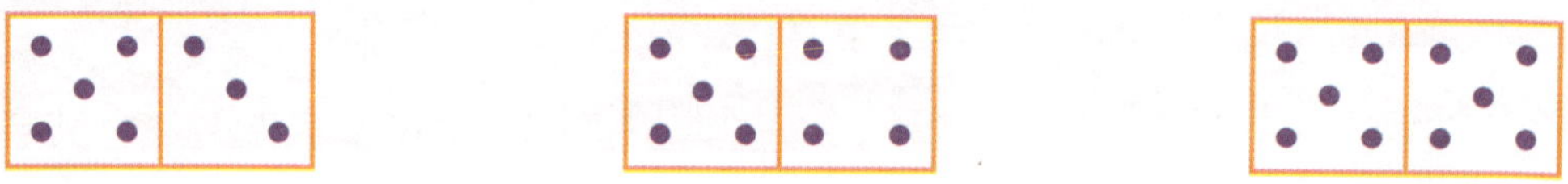

8 huit — 9 neuf — 10 dix

Je comprends comment faire

▶ Pour écrire les chiffres

0 1 2 3 4 5

6 7 8 9

▶ Pour connaitre la file numérique

Dans la file numérique, les nombres sont rangés dans l'ordre du plus petit au plus grand.

1	2	3	4	5	6	7	8	9	10

INFO PARENTS

Dans un jeu de 52 cartes, enlevez les figures (valet, dame, roi) et faites reconnaitre à votre enfant les quantités et les nombres de 1 (as) à 10 sur les autres cartes.

Je m'entraine

1 QUIZ

Regarde le nombre de points de chaque domino et coche les bonnes réponses.

a. cinq ☐ b. six ☒ c. neuf ☐ d. sept ☒

2 Écris en lettres les nombres suivants :

5 : cinq 9 : neuf 4 : quatre 2 : deux
7 : sept 1 : un 0 : zéro 8 : huit

3 Écris en chiffres les nombres suivants :

sept : 7 huit : 8 zéro : 0 six : 6 neuf : 9
trois : 3 quatre : 4 un : 1 deux : 2 cinq : 5

4 Écris en chiffres le nombre de points de chaque domino.

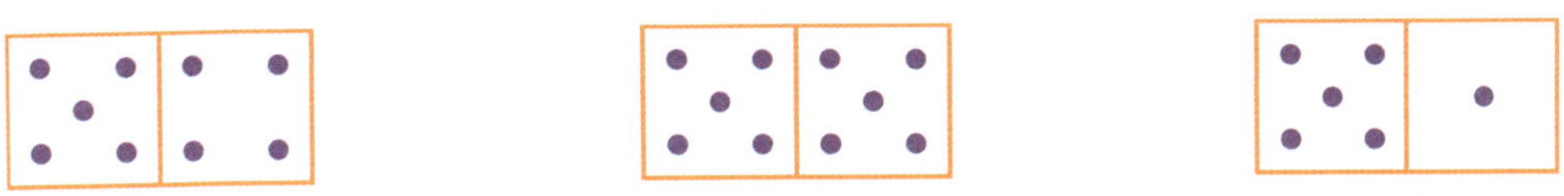

9 10 6

jeu malin

Observe et dessine les points pour trouver le dernier nombre.

Bravo, tu as terminé ! Entoure ton smiley.

Corrigés page 25 du *Guide parents*

2 Écritures additives

Pour commencer

J'ai 5 billes dans ma main droite et 3 billes dans ma main gauche. J'ai combien de billes en tout ?

J'apprends

▶ Pour obtenir 5

1 + 4 = 5

4 + 1 = 5

2 + 3 = 5

3 + 2 = 5

▶ Pour obtenir 10

1 + 9 = 10

2 + 8 = 10

3 + 7 = 10

4 + 6 = 10

5 + 5 = 10

Je comprends comment faire

▶ Pour décomposer avec 5

On a : 9 = 5 + 4 8 = 5 + 3 7 = 5 + 2 6 = 5 + 1

On a aussi : 10 = 5 + 5

▶ Pour décomposer un nombre

Voici toutes les décompositions additives de 9 :

INFO PARENTS

Avec des cartes à jouer, montrez le 5, puis le 10, le 7 et le 8 qui font apparaitre les décompositions avec 5. Placez côte à côte deux cartes pour faire mémoriser à votre enfant les décompositions de 10 (9 et 1, 8 et 2...).

Je m'entraine

1 QUIZ **Coche les bonnes réponses.**

a. 7 + 3 = 9 ☐ b. 5 + 4 = 9 ☒ c. 2 + 3 = 5 ☒ d. 4 + 1 = 6 ☐

2 Complète :

a. 2 + 8 = 10
b. 7 + 3 = 10
c. 4 + 1 = 5
d. 5 + 5 = 10
e. 3 + 2 = 5

3 Complète :

a. 4 + 1 = 5
b. 6 + 4 = 10
c. 7 + 3 = 10
d. 3 + 2 = 5
e. 1 + 9 = 10

4 Continue à relier entre elles les écritures d'un même nombre.

5 + 4	2 + 3
2 + 2	3 + 7
1 + 4	7 + 2
8 + 2	4 + 2
3 + 3	3 + 1

5 Trouve toutes les décompositions additives de 3.

a. 2 + 1 = 3 c. 3 + 0 = 3
b. 1 + 2 = 3 d. 0 + 3 = 3

jeu malin

Pour aller d'une case 9 à l'autre, tu ne dois passer que sur des cases qui sont des décompositions additives de 9. **Continue à colorier les cases.**

9	3 + 3	7 + 1	3 + 5	2 + 2	5 + 4	1 + 1	0 + 3	5 + 5
3 + 6	2 + 7	5 + 4	8 + 1	3 + 7	2 + 6	4 + 4	3 + 7	5 + 2
1 + 3	4 + 4	6 + 1	0 + 9	3 + 3	7 + 1	6 + 3	7 + 2	3 + 6
6 + 4	0 + 5	4 + 3	6 + 3	4 + 5	1 + 8	9 + 0	2 + 2	9

Bravo, tu as terminé ! Entoure ton smiley.

Corrigés page 25 du *Guide parents*

3 Les nombres jusqu'à 31

Pour commencer

Combien de joueurs y a-t-il dans une équipe de football ? Dans une équipe de rugby ?

J'apprends

Voici sur un calendrier les nombres de 10 à 31.

Lundi	Mardi	Mercredi	Jeudi	Vendredi	Samedi	Dimanche
10	11	12	13	14	15	16
dix	onze	douze	treize	quatorze	quinze	seize

Lundi	Mardi	Mercredi	Jeudi	Vendredi	Samedi	Dimanche
17	18	19	20	21	22	23
dix-sept	dix-huit	dix-neuf	vingt	vingt-et-un	vingt-deux	vingt-trois

Lundi	Mardi	Mercredi	Jeudi	Vendredi	Samedi	Dimanche
24	25	26	27	28	29	30
vingt-quatre	vingt-cinq	vingt-six	vingt-sept	vingt-huit	vingt-neuf	trente

Lundi
31
trente-et-un

Dans 13 :
3 est le chiffre des **unités**.
1 est le chiffre des **dizaines**.

Je comprends comment faire

▶ Pour décomposer un nombre plus grand que 10

On décompose le nombre en dizaines puis on ajoute les unités.

17 = 10 + 7 → Il y a **1 dizaine** et **7 unités** (dix-sept)

25 = 20 + 5 = 10 + 10 + 5 → Il y a **2 dizaines** et **5 unités** (vingt-cinq)

31 = 30 + 1 = 10 + 10 + 10 + 1 → Il y a **3 dizaines** et **1 unité** (trente-et-un)

▶ Pour connaitre la file numérique

10	11	12	13	14	15	16	17	18	19	20	21	22	23	24	25	26	27	28	29	30	31

INFO PARENTS

Sur un calendrier, demandez à votre enfant de lire une date. Demandez-lui quel est le chiffre des unités.

Je m'entraine

1 QUIZ Coche les nombres qui sont justes et corrige les autres.

a. ★★★★★★★★★★
★★★★★★★
17 ☒

b. ★★★★★★★★★★
★★★★★★★★★★
★★★★★★
25 ☐

c. ★★★★★★★★★★
★★★★★★★★★★
★★★★★★★★★★
★
31 ☒

d. ★★★★★★★★★★
★★★★★★★★★★
★★★★
14 ☐

2 Écris en lettres les nombres suivants :

a. 18 dix-huit

b. 30 trente-

c. 15 qinze

d. 29 vingt-neuf

3 Écris en chiffres les nombres suivants :

a. dix-sept 17

b. trente-et-un 31

c. vingt-trois 23

d. seize 16

4 Complète les écritures additives.

a. 27 = 10 + 10 + 7

b. 31 = 10 + 10 + 10 + 1

c. 18 = 10 + 8

d. 24 = 10 + 10 + 4

jeu malin

Dans le parking, des voitures cachent les numéros des places.
Trouve-les et écris-les.

25	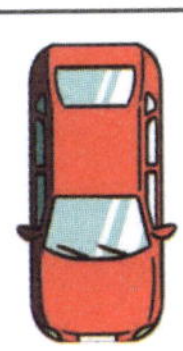	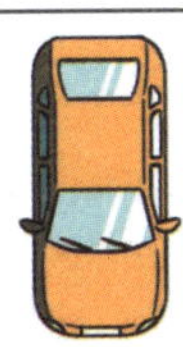	28	29	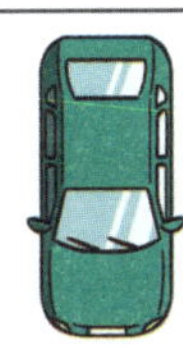	31

26 27 30

Bravo, tu as terminé ! Entoure ton smiley.

Corrigés page 25 du *Guide parents*

4 Les nombres jusqu'à 69

Pour commencer
Quel nombre vient après 31 ?

J'apprends

Voici des nombres après 30.

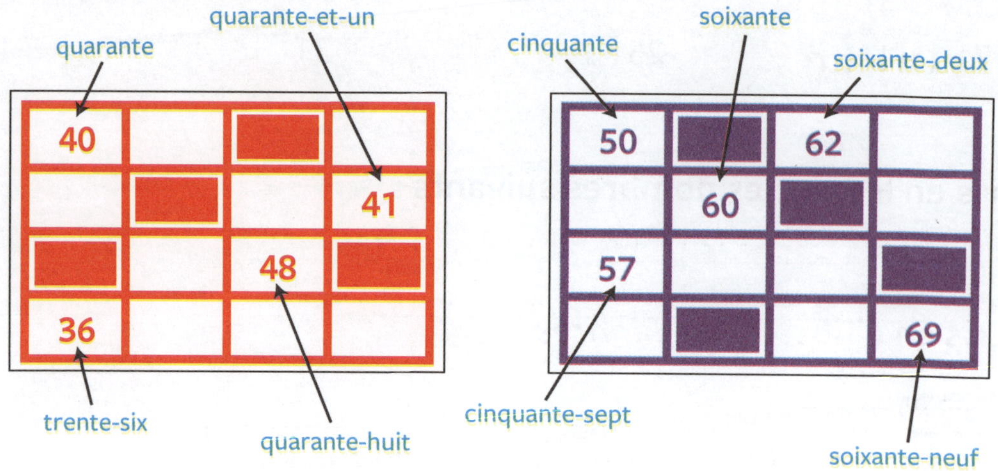

Je comprends comment faire

▶ Pour savoir décomposer un nombre

Il faut trouver le chiffre des dizaines et celui des unités.

Dizaines	Unités
4	0
4	3
5	0
6	0
6	9

40 = 10 + 10 + 10 + 10
43 = 40 + 3 = 10 + 10 + 10 + 10 + 3
50 = 10 + 10 + 10 + 10 + 10
60 = 10 + 10 + 10 + 10 + 10 + 10
69 = 60 + 9 = 10 + 10 + 10 + 10 + 10 + 10 + 9

▶ Pour connaitre la file numérique

INFO PARENTS
À partir d'un catalogue de supermarché, demandez à votre enfant de lire les prix. Choisissez pour le moment des nombres entiers plus petits que 69 et cachez les centimes.

Je m'entraine

1 QUIZ Coche les bonnes réponses.

a. 62 peut s'écrire 60 + 2 ☒

b. 48 peut s'écrire 10 + 10 + 10 + 8 ☐

c. cinquante-neuf peut s'écrire 50 + 9 ☒

d. 36 peut s'écrire 60 + 3 ☐

2 Écris en lettres les nombres suivants :

a. 50 cinquante

b. 61 soixante-et-un

c. 43 quarante-drois

3 Écris en chiffres les nombres suivants :

a. trente-six 36

b. quarante-deux 42

c. cinquante-et-un 51

d. vingt-huit 28

4 Décompose.

a. 45 = 40 + 5

b. 37 = 30 + 7

c. 43 = 10 + 10 + 10 + 10 + 3

5 Complète le tableau.

Nombre	Dizaines	Unités
48	4	8
soixante-sept	6	7
50	5	0

jeu malin

Le code secret est un nombre où le chiffre des unités est 8 et celui des dizaines est 5.

Quel est le code?

58

Bravo, tu as terminé ! Entoure ton smiley.

Corrigés page 26 du *Guide parents*

5 Les grands nombres

Pour commencer
Comment se décompose 59 ?

J'apprends

Voici des nombres après 69 et jusqu'à 100.

soixante-dix — quatre-vingts — quatre-vingt-dix — cent

Le nombre **100** correspond à **une centaine**.
1 centaine = 10 dizaines

Je comprends comment faire

▶ Pour décomposer un grand nombre

Dizaines	Unités		
7	0	soixante-dix	70 = 60 + 10
7	4	soixante-quatorze	74 = 60 + 14 = 70 + 4
8	0	quatre-vingts	80 = 20 + 20 + 20 + 20
8	6	quatre-vingt-six	86 = 80 + 6
9	0	quatre-vingt-dix	90 = 80 + 10
9	5	quatre-vingt-quinze	95 = 80 + 15 = 90 + 5

▶ Pour connaitre la file numérique

70	71		77	78	79		85	86	87		93	94	95		
	72		76		80		84		88		92		96		100
	73	74	75		81	82	83		89	90	91		97	98	99

INFO PARENTS

Dans la rue, demandez à votre enfant de vous donner les numéros des maisons ou immeubles lorsqu'ils sont inférieurs à 100. Quand vous voyez un nombre à 2 chiffres, demandez-lui quel est celui des dizaines et celui des unités.

Je m'entraine

1 QUIZ Coche les bonnes réponses.

a. 74 peut s'écrire 60 + 14 ☒

b. Quatre-vingt-trois peut s'écrire 10 + 10 + 10 + 10 + 10 + 10 + 10 + 3 ☐

c. 93 peut s'écrire 80 + 13 ☒

d. 83 peut s'écrire 20 + 20 + 20 + 3 ☐

2 Écris en lettres les nombres suivants :

a. 79 soixante-dix neuf

b. 83 quatre-vingt trois

c. 99 quatre-vingts dix neuf

3 Écris en chiffres les nombres suivants :

a. soixante-dix-huit 78

b. quatre-vingt-neuf 89

c. quatre-vingt-dix-sept 97

d. quatre-vingt-quatorze 94

4 Décompose.

a. 79 = 60 + 10 + 9

b. 83 = 20 + 20 + 20 + 20 + 3

c. 98 = 80 + 18

d. 93 = 80 + 10 + 3

jeu malin

Complète cette grille de nombres croisés pour trouver le nombre inconnu.

Column 1: 80 + 17

9	3	
7		4
	9	5
7	2	

Row 1: quatre-vingt-treize
Row 3: 80 + 15
Row 4: soixante-douze
Column 2: 90+2

Bravo, tu as terminé ! Entoure ton smiley.

Corrigés page 26 du *Guide parents*

6 Doubles et moitiés

Pour commencer

« Haut les mains ! » dit un gendarme à 4 voleurs. Combien voit-il de mains se lever ?

J'apprends

Il y a 3 skieurs et je compte 6 bâtons.

$6 = 3 + 3$

Le nombre 6 est le **double** du nombre 3.

Il y a 4 lapins et je compte 8 salades.

$4 + 4 = 8$

Le nombre 4 est la **moitié** du nombre 8.

Je comprends comment faire

	a pour double	
1	→	2
2	→	4
3	→	6
4	→	8
5	→	10
6	→	12
7	→	14
8	→	16
9	→	18
10	→	20

	a pour moitié	
2	→	1
4	→	2
6	→	3
8	→	4
10	→	5
12	→	6
14	→	7
16	→	8
18	→	9
20	→	10

INFO PARENTS

Quand vous voyez des vélos garés dans la rue, demandez à votre enfant quel est le nombre de roues en ne comptant que les vélos.

Je m'entraine

1 QUIZ Coche Vrai ou Faux.

a. 4 est le double de 8. ☐ Vrai ☒ Faux

b. 6 est la moitié de 12. ☒ Vrai ☐ Faux

c. 14 est la moitié de 7. ☐ Vrai ☒ Faux

d. 18 est le double de 9. ☒ Vrai ☐ Faux

2 Compte les triangles puis dessine le double de ronds.

3 Compte les ronds puis dessine la moitié de triangles.

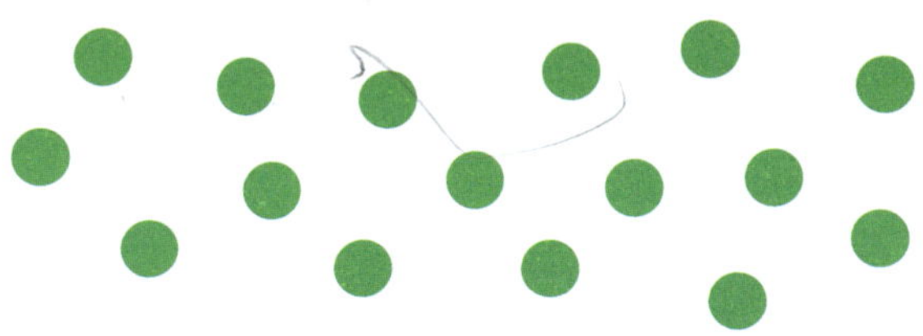

4 Complète.

a. 5 + 5 = 10

b. 6 + 6 = 12

c. 10 + 10 = 20

d. 9 + 9 = 18

e. 8 + 8 = 16

f. 3 + 3 = 6

jeu malin

Je suis le double de la moitié de 6. **Qui suis-je ?**
Complète ce schéma pour t'aider.

6 — a pour moitié → 3 — a pour double → 6

Bravo, tu as terminé ! Entoure ton smiley.

7 Comparer des nombres

Pour commencer

Léo a 8 billes
et Jules en a 13.
Qui en a le plus ?

J'apprends

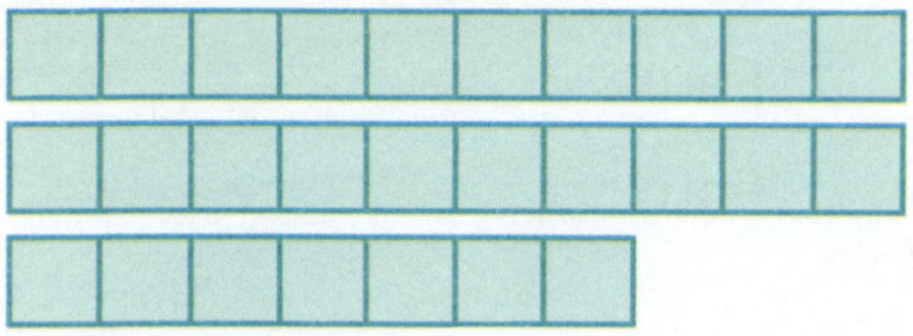

27 = 20 + 7
= 10 + 10 + 7

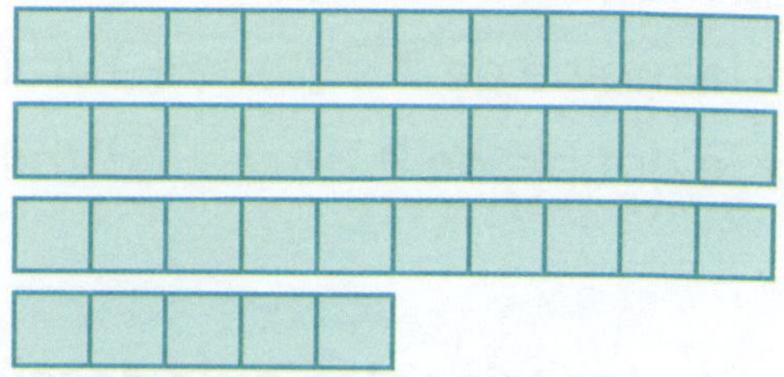

35 = 30 + 5
= 10 + 10 +10 + 5

35 est plus grand que 27
car il a le **plus grand** chiffre des dizaines (3 est plus grand que 2).
On dit aussi que 27 est **plus petit** que 35 (2 est plus petit que 3).

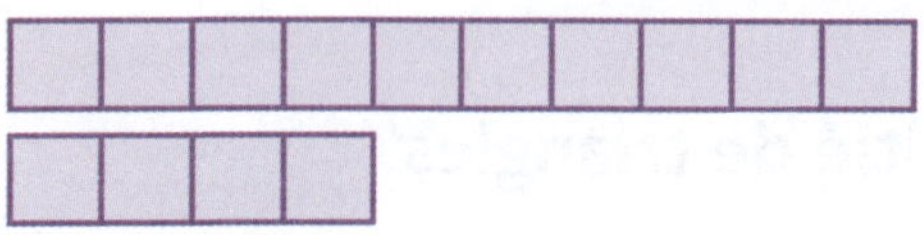

14 = 10 + 4

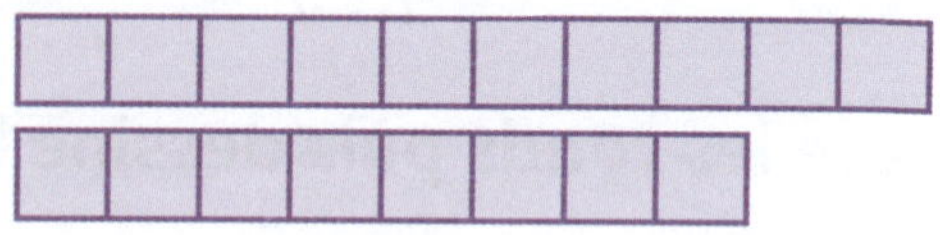

18 = 10 + 8

18 est **plus grand** que 14
car il a le plus grand chiffre des unités (8 est plus grand que 4)
et que les chiffres des dizaines sont les mêmes.
On dit aussi que 14 est **plus petit** que 18.

Je comprends comment faire

▶ Pour bien écrire avec le signe < ou >

On écrit 35 > 27 ou aussi 27 < 35.

45 < 52 ↖ 87 > 83 ↗

La pointe est placée du côté du plus petit nombre.

INFO PARENTS

Donnez deux chiffres différents à votre enfant, puis demandez-lui d'écrire les nombres utilisant ces deux chiffres, et de vous indiquer le plus grand nombre et le plus petit.

Je m'entraine

1 QUIZ Coche Vrai ou Faux.

a. $45 < 52$ ☒ Vrai ☐ Faux
b. $59 > 48$ ☒ Vrai ☐ Faux
c. $23 > 20$ ☒ Vrai ☐ Faux
d. $71 < 65$ ☐ Vrai ☒ Faux

2 Complète par $<$ ou $>$.

a. 4 ..$<$.. 9
b. 12 ..$>$.. 7
c. 18 ..$<$.. 31
d. 24 ..$>$.. 20
e. 15 ..$<$.. 30
f. 33 ..$>$.. 22

3 Entoure le plus grand nombre de cette liste :

26 21 28 27

4 Entoure le plus petit nombre de cette liste :

45 63 31 12

5 Range ces trois nombres du plus petit au plus grand : 32 43 18

18/32/43

6 Range ces trois nombres du plus grand au plus petit : 12 23 58

58/23/12

jeu malin

Relie ces nombres du plus petit au plus grand.

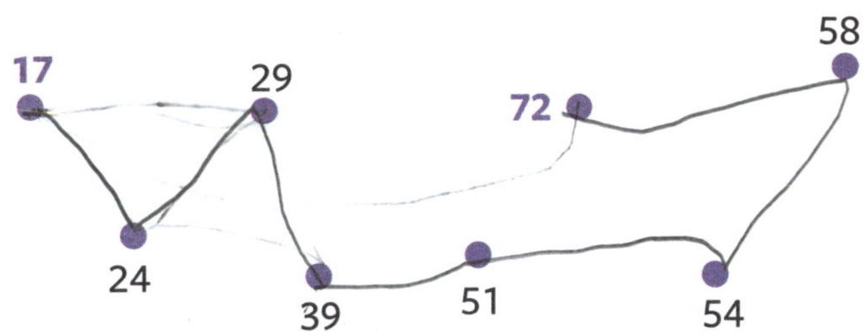

Bravo, tu as terminé ! Entoure ton smiley.

Corrigés page 26 du *Guide parents*

8 Quand faire des additions

Pour commencer

J'ai 10 cartes dans ma main droite et 8 cartes dans la gauche. J'ai combien de cartes en tout ?

J'apprends

On doit faire une addition.

▶ Pour réunir deux ou plusieurs collections

Mounir a vu passer un groupe de 6 cyclistes, puis un groupe de 9 cyclistes. Combien en a-t-il vu passer en tout ?

6 + 9 = 15 → Mounir a vu passer 15 cyclistes.

▶ Pour calculer une dépense totale

Louis achète un stylo à 5 euros et un feutre qui coute 4 euros. Combien a-t-il dépensé ?

5 + 4 = 9 → Louis a dépensé 9 euros.

Je comprends comment faire

▶ Pour avancer sur la droite numérique

Manon joue au jeu de l'oie, son pion est sur la case 6.
Où sera-t-il si elle obtient un 5 avec son dé ?

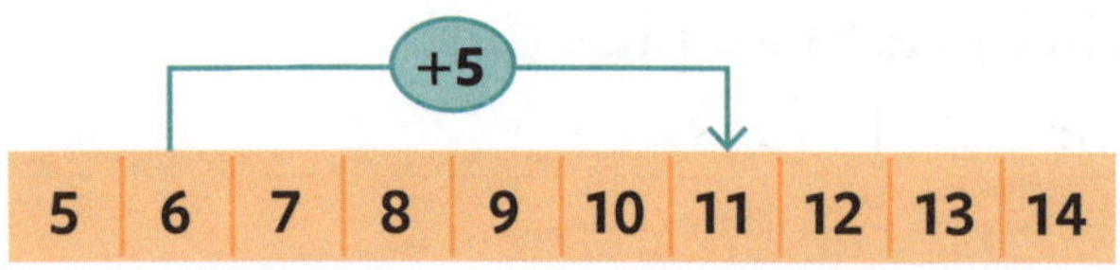

Son pion sera sur la case 11.
On a **6 + 5 = 11**

▶ Pour calculer la somme de 3 nombres

On calcule d'abord la somme de deux nombres puis on ajoute le troisième.
Éric a joué aux fléchettes.
Quel est son score ?

Éric a 4 + 8 + 10 points.

Je calcule **4 + 8 = 12** puis **12 + 10 = 22**. → Éric a 22 points.

INFO PARENTS

En posant les deux cartes 10 ♥ et 8 ♥, demandez à votre enfant combien il y a de ♥ au total. Recommencez avec 7 ♥ et 5 ♥ puis avec d'autres cartes.

Je m'entraine

1 QUIZ Coche les problèmes qui nécessitent de faire une addition.

a. Célia achète un livre qui coute 12 euros. Elle donne un billet de 20 euros au marchand. **Combien doit-il lui rendre?** ☐

b. Pablo et ses deux camarades se partagent un sac qui contient 30 billes. **Quelle est la part de chacun?** ☐

c. Durant l'hiver, Théo a grandi de 4 cm. Au printemps, il a encore grandi de 3 cm. **De combien a-t-il grandi en tout?** ☒

d. J'avais dans mon portemonnaie 45 euros, j'ai acheté un pull qui coute 27 euros. **Combien me reste-t-il dans mon portemonnaie?** ☐

e. Au jeu de l'oie, Mathilde avait son pion sur la case 4, elle a fait un 6 puis un 5 avec le dé. **Sur quelle case est le pion maintenant?** ☒

2 Réponds aux questions.

a. Cécile met dans un vase un bouquet de 9 tulipes et un bouquet de 12 roses.
Combien y a-t-il de fleurs dans le vase? 21

b. Monsieur Dupont achète une chemise qui coute 46 euros et une cravate qui coute 20 euros. **Combien a-t-il dépensé?** 66

3 Entoure le nom de celui qui a gagné aux fléchettes.

Éric

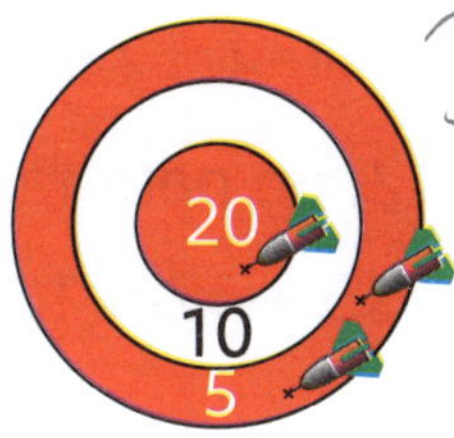

30/35

Jules (entouré)

jeu malin

Entoure le jeu qui a le plus de points.

Jeu de Maxime (entouré)

24

Jeu de Karine

23

Bravo, tu as terminé ! **Entoure ton smiley.**

9 L'addition

Pour commencer

Maman a reçu 4 dizaines de roses et 3 dizaines de tulipes. Combien de fleurs a-t-elle reçues ?

J'apprends

▶ Addition en colonne (on dit : «poser une addition»)

	d	u
	4	3
+	3	6
	7	9

Quand on pose une addition en colonne, il faut aligner :
- **les unités sous les unités** ;
- **les dizaines sous les dizaines.**

Il faut ajouter en commençant par la colonne de droite (celle des unités) puis aller vers la colonne de gauche.

▶ Addition avec retenue

	d	u
	1	
	3	8
+	4	6
	8	4

1re étape : 8 + 6 = 14, j'écris 4 et je retiens 1.

2e étape : 1 + 3 + 4 = 8, j'écris 8.

Quand il y a une retenue, il ne faut pas oublier de la placer en haut de la colonne de gauche suivante.

Je comprends comment faire

▶ Pour additionner en décomposant les nombres

• Pour calculer 15 + 12, on peut faire ainsi :

15 + 12 = 10 + 5 + 10 + 2

• On calcule en regroupant entre elles les dizaines, les unités.

10 + 5 + 10 + 2

20 + 7

27

INFO PARENTS

Pour que votre enfant pose correctement une addition en colonne, utilisez du papier quadrillé à gros carreaux pour permettre une bonne disposition des chiffres (1 chiffre par carreau).

Je m'entraine

1 QUIZ Coche les additions qui sont justes.

a. ☐

$$\begin{array}{r} 45 \\ +\ 23 \\ \hline 67 \end{array}$$

b. ☒

$$\begin{array}{r} 36 \\ +\ 37 \\ \hline 73 \end{array}$$

c. ☐

$$\begin{array}{r} 25 \\ +\ 37 \\ \hline 52 \end{array}$$

d. ☒

$$\begin{array}{r} 42 \\ +\ 36 \\ \hline 78 \end{array}$$

2 Pose et calcule les additions.

a. 45 + 23

$$\begin{array}{r} 45 \\ +\ 23 \\ \hline 68 \end{array}$$

b. 29 + 63

$$\begin{array}{r} {}^{1}29 \\ +\ 63 \\ \hline 92 \end{array}$$

c. 37 + 23

$$\begin{array}{r} {}^{1}37 \\ +\ 23 \\ \hline 60 \end{array}$$

3 Calcule les additions en décomposant.

a. 45 + 51 = 40 + 5 + 50 + 1 = 90 + 6 = 96

b. 32 + 25 = 30 + 2 + 20 + 5 = 50 + 7 = 57

c. 43 + 24 = 40 + 3 + 20 + 4 = 60 + 7 = 67

d. 72 + 17 = 70 + 2 + 10 + 7 = 80 + 9 = 89

e. 57 + 20 = 50 + 7 + 20 = 70 + 7 = 77

jeu malin

Les chiffres manquants te donneront le code secret. Trouve-le.

$$\begin{array}{r} 2\ 7 \\ +\ 4\ 2 \\ \hline 6\ 9 \end{array} \qquad \begin{array}{r} 6\ 2 \\ +\ 1\ 3 \\ \hline 7\ 5 \end{array}$$

Le code secret est : 2 2 6 3

Bravo, tu as terminé ! Entoure ton smiley.

Corrigés page 26 du *Guide parents*

10 Quand faire des soustractions

Pour commencer

J'ai 9 biscuits, j'en donne 4. Combien m'en reste-t-il ?

J'apprends

On fait une soustraction.

▶ Pour calculer une partie d'un ensemble

Dans un bouquet de 15 fleurs, il y a des roses et 7 tulipes.
Combien y a-t-il de roses?
7 + ... = 15 ou bien 15 - 7 = 8 → Il y a 8 roses.

▶ Pour calculer ce que l'on ajoute

Éric a 13 billes avant la récréation. Il remonte en classe avec 21 billes.
Combien de billes a-t-il gagnées?
13 + ... = 21 ou bien 21 - 13 = 8 → Il a gagné 8 billes.

▶ Pour calculer

• Ce qui reste quand on enlève une partie d'une collection

Karim qui avait 18 billes en a perdu 7 à la récréation. Combien de billes lui reste-t-il? 18 - 7 = 11 → Il lui en reste 11.

• Ce qui est enlevé quand on enlève une partie d'une collection

Karim qui avait 15 billes au début de la partie en a 10 à la fin.
Combien de billes a-t-il perdues? 15 - 10 = 5 → Il en a perdu 5.

Je comprends comment faire

▶ Pour soustraire en reculant

Pour calculer la différence 56 – 38 en reculant, je pars du plus grand nombre 56 et j'enlève 8 unités puis 3 dizaines. Je peux décomposer pour calculer plus facilement.

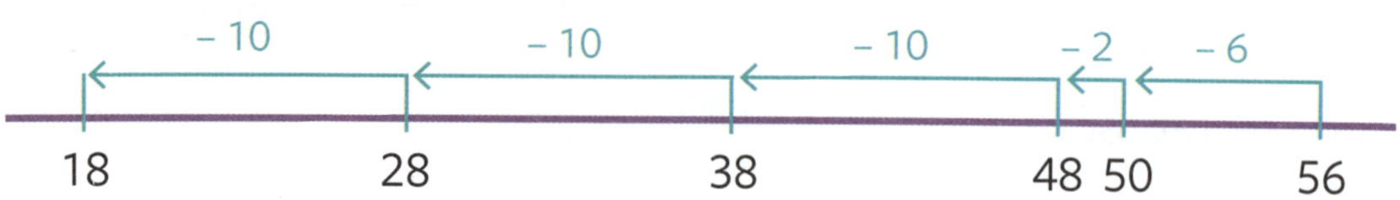

On a : 56 – 38 = 18.

INFO PARENTS

Pour calculer en reculant, proposez à votre enfant le jeu de l'autobus : Dans un bus, il y a 24 passagers. À l'arrêt, 7 personnes descendent, combien en reste-t-il? À l'arrêt suivant, etc.

Je m'entraine

1 QUIZ

Coche les problèmes qui nécessitent de faire une soustraction.

a. Jeanne a 10 ans et Marie est née 5 ans avant Jeanne.
Quel est l'âge de Marie? ☐

b. Gaëlle achète un vase qui coute 83 euros et donne un billet de 100 euros.
Quelle somme va-t-on lui rendre? ☒

c. Un jardinier plante 3 rangées de 10 plants de fraisiers chacune.
Combien de fraisiers a-t-il plantés? ☐

d. Paul a 13 ans et sa sœur Anne 8 ans. **Combien d'années les séparent?** ☒

2 Complète le schéma pour calculer 68 – 35.

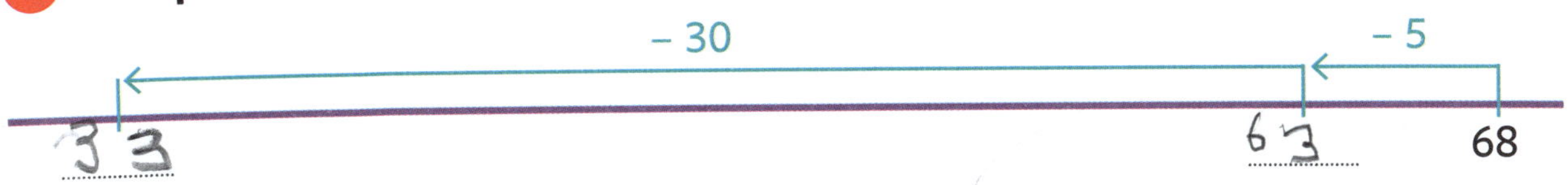

3 Complète le schéma pour calculer 43 – 26.

jeu malin

Mon pion est sur la case 42 et je tire la carte «Recule de 8 cases».
Où dois-je poser mon pion? Dessine-le en vert sur la bonne case.

33	34	35	36	37	38	39	40	41	42	43	44	45

Bravo, tu as terminé ! Entoure ton smiley.

Corrigés page 26 du *Guide parents*

11 Ajouter et décompter

Pour commencer
Combien comptes-tu de dizaines dans soixante-dix-huit ?

Nombres et calculs

J'apprends

▶ Compter de 10 en 10 en avançant

Pour compter de 10 en 10 il faut ajouter une dizaine.

17 —(+10)→ 27 Dans ma tête, je compte $1 + 1 = 2$

27 —(+10)→ 37 Dans ma tête, je compte $2 + 1 = 3$

37 —(+10)→ 47

▶ Compter de 10 en 10 à rebours

Pour compter de 10 en 10 à rebours il faut reculer d'une dizaine.

58 —(−10)→ 48 Dans ma tête, je compte $5 - 1 = 4$

48 —(−10)→ 38 Dans ma tête, je compte $4 - 1 = 3$

38 —(−10)→ 28 Dans ma tête, je compte $3 - 1 = 2$

Je comprends comment faire

▶ Pour ajouter un nombre finissant par 0

Il faut ajouter les deux chiffres des dizaines.

37 —(+50)→ 87 46 —(+30)→ 76

▶ Pour ajouter des nombres finissant par 0

Il faut ajouter les chiffres des dizaines. $20 + 30 = 50$

$2 + 3 = 5$

INFO PARENTS
Quand votre enfant calcule, demandez-lui de le faire à haute voix. Il évitera ainsi de compter sur ses doigts.

Je m'entraine

1 QUIZ Coche les résultats justes.

a. 45 – 10 = 55 ☐

b. 36 + 20 = 56 ☐

c. 73 – 30 = 43 ☒

d. 39 + 10 = 59 ☒

2 Calcule rapidement.

a. 45 + 10 = ……………

b. 63 + 10 = ……………

c. 87 + 10 = ……………

3 Calcule rapidement.

a. 35 – 10 = ……………

b. 27 – 10 = ……………

c. 49 – 10 = ……………

4 Calcule rapidement.

a. 17 + 20 = ……………

b. 32 + 30 = ……………

c. 11 + 20 = ……………

5 Calcule rapidement.

a. 30 + 20 = ……………

b. 40 + 20 = ……………

c. 50 + 40 = ……………

6 Complète les cases vides en comptant de 10 en 10 à partir de 12.

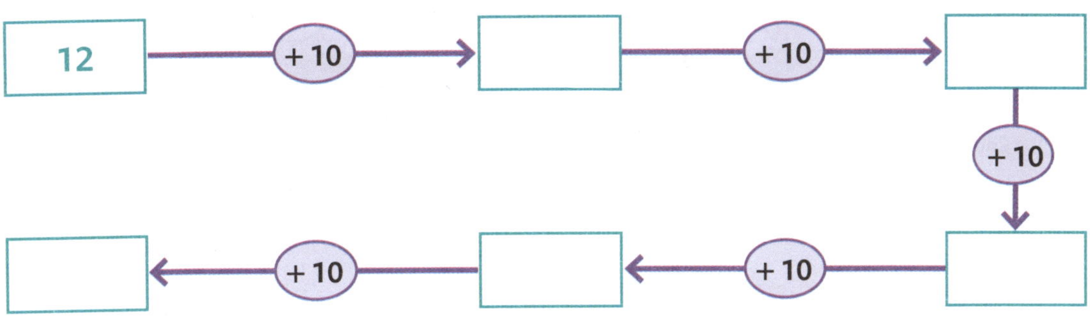

jeu malin

Martin a retenu un nombre dans sa tête, il a ensuite ajouté 10 à ce nombre puis encore 10 au nombre qu'il avait trouvé.

Il a trouvé 65, quel est le nombre qu'il avait retenu ? ……………

Bravo, tu as terminé ! Entoure ton smiley.

Corrigés page 27 du *Guide parents*

12 Se repérer dans l'espace

Pour commencer
Es-tu droitier ou gaucher ?

J'apprends

Voici Pierre dans sa chambre avec ses jouets.

L'ours est **à gauche de** Pierre.

La poupée est **à droite de** Pierre.

La voiture est **devant** Pierre.

La chaise est **derrière** lui.

Je comprends comment faire

▶ Pour bien distinguer la droite de la gauche

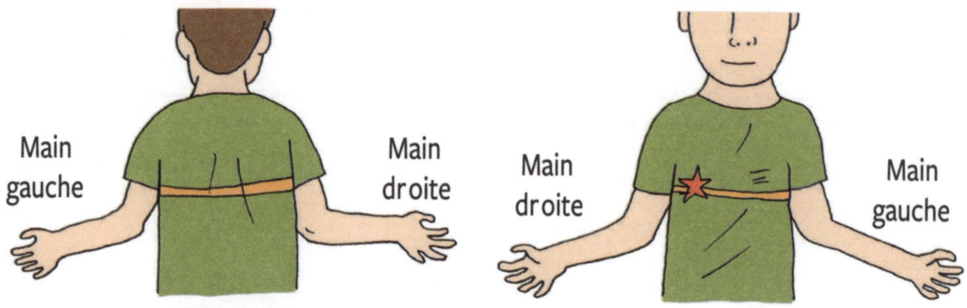

▶ Pour bien distinguer devant et derrière

La voiture rouge est devant la voiture bleue.

La voiture rouge est derrière la voiture bleue.

INFO PARENTS

Lorsque votre enfant met le couvert, demandez-lui de placer le couteau et la cuillère à droite, la fourchette à gauche.

Je m'entraine

1 QUIZ

Coche Vrai ou Faux.

a. Jules est à droite de Michaël.	Vrai ☐	Faux ☐
b. Louise est à gauche de Jules.	Vrai ☐	Faux ☐
c. Karim est à droite de Michaël.	Vrai ☐	Faux ☐
d. Jules est à gauche de Louise.	Vrai ☐	Faux ☐

2 Complète les phrases.

a. La table est à .... de Paul.
b. La chaise est à .... de Paul.
c. Le buffet est .... Paul.
d. La peluche est à .... de Paul.

3 Place un ● devant la voiture.
Place un ● derrière la voiture.

jeu malin

Ma trottinette est devant la bleue, derrière la jaune et devant la noire.
Quelle est sa couleur ?

Bravo, tu as terminé ! Entoure ton smiley.

Corrigés page 27 du *Guide parents*

13 Quadrillages

Pour commencer
Où faut-il écrire les mots sur une feuille quadrillée ?

J'apprends

▶ Sur un quadrillage on peut repérer des cases.

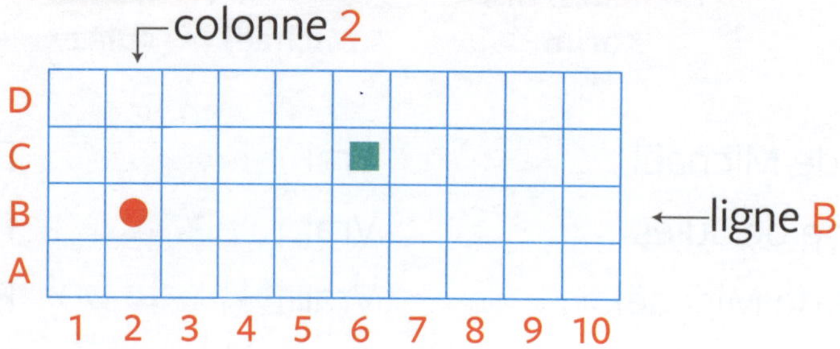

■ est dans la case repérée par C 6.
● est dans la case repérée par B 2.

▶ Sur un quadrillage on peut reproduire un dessin.

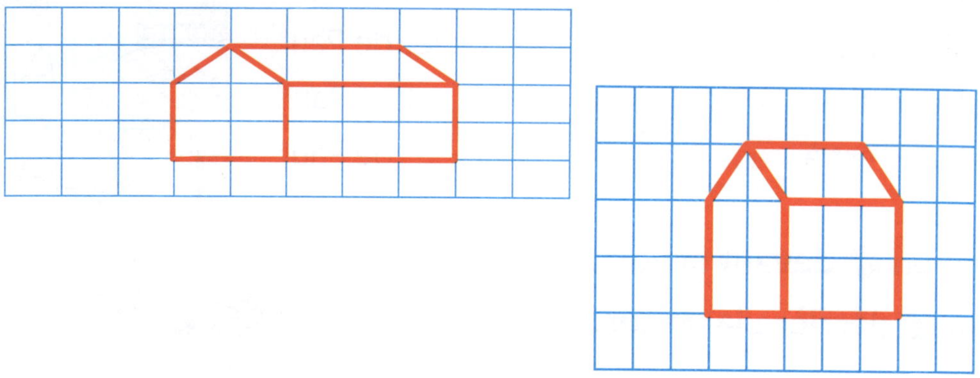

Je comprends comment faire

▶ Pour coder un déplacement sur un quadrillage

Pour aller du ● au ■, le chemin suivi est codé par ↑→→↓→↓→

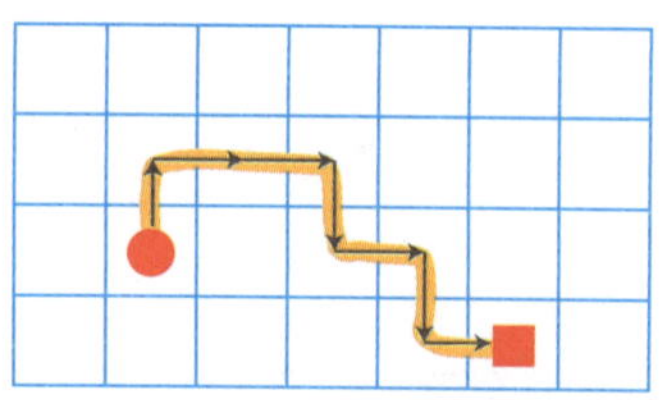

INFO PARENTS

Proposez à votre enfant le jeu du robot. Il se place sur un carreau du sol et exécute vos ordres : « Avance de 2 carreaux, recule de 3 carreaux, tourne à droite... ».

Je m'entraine

1 QUIZ Coche les bonnes réponses.

a. ■ et ♦ sont sur la même ligne. ☐

b. ● est en D 2. ☐

c. ▲ est en B 3. ☐

d. ♦ est en E 4. ☐

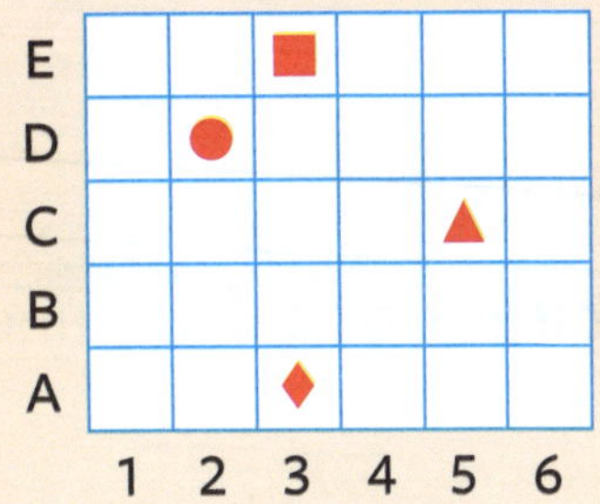

2 a. Indique comment sont repérées les 3 formes.

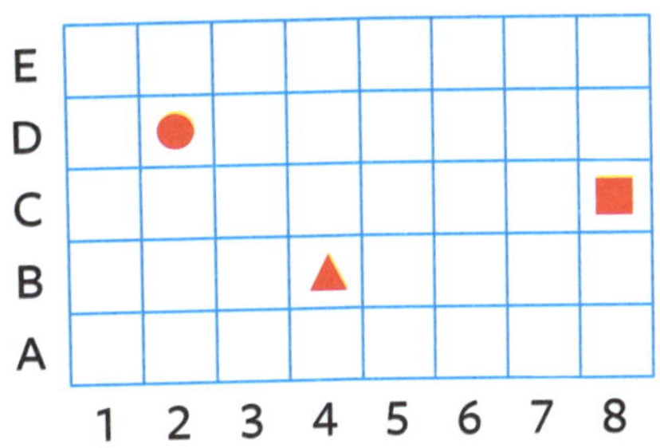

● ....

■ ....

▲ ....

b. Place ■, ■, ■, ■, repérés par :

■	■	■	■
A3	C2	E5	D6

3 Reproduis le même dessin en partant du point rouge.

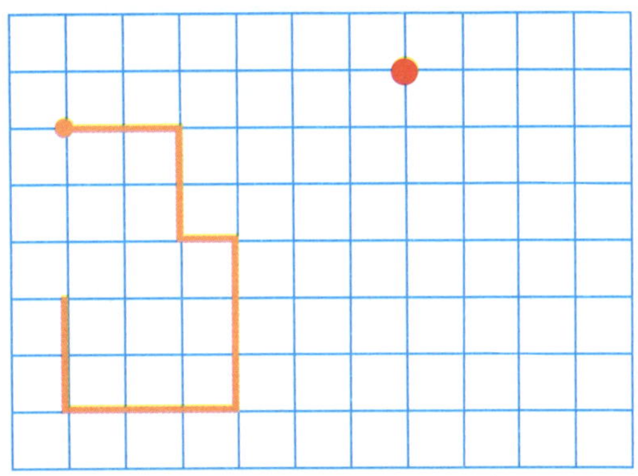

jeu malin

En partant du point ●, trace le chemin qui mène au trésor ✖ en le codant.

Bravo, tu as terminé ! **Entoure ton smiley.**

Corrigés page 27 du *Guide parents*

14 Les droites

Pour commencer
Que dit-on d'une route qui n'a pas de virage ?

J'apprends

- Une **droite** se trace avec une règle.

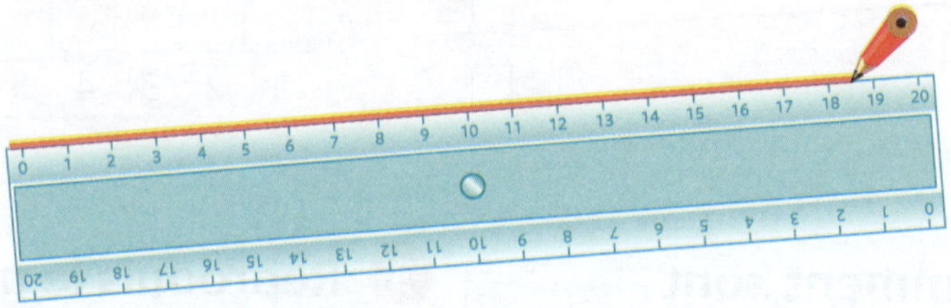

- Avec une règle on peut vérifier que les 3 points ● sont **alignés**.

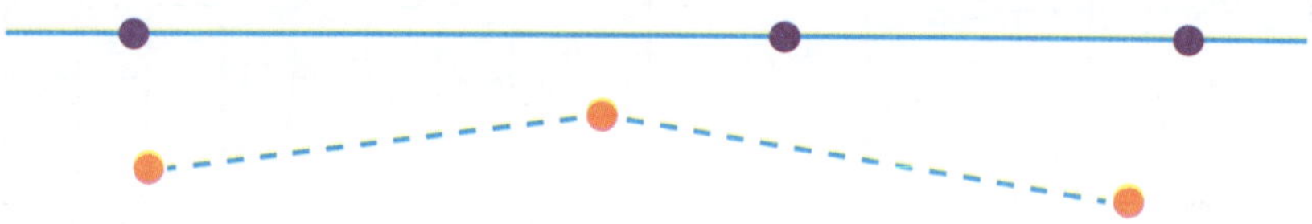

Les 3 points ● ne sont pas alignés.

Je comprends comment faire

▶ Pour tracer un segment

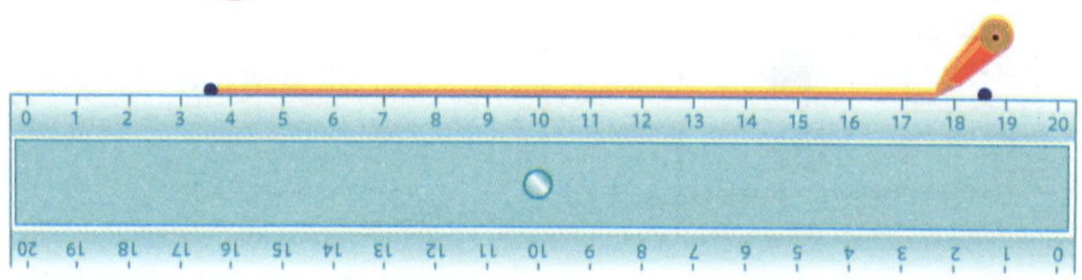

Je place ma règle avec les deux points au bord de la règle.

Je pars d'un point et je trace jusqu'à l'autre point.

▶ Pour tracer une ligne brisée

Je trace plusieurs segments.

Le deuxième part de l'extrémité du premier et ainsi de suite.

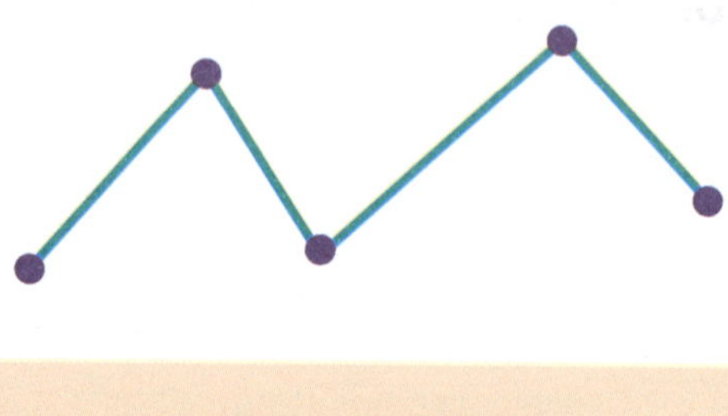

INFO PARENTS

Proposez à votre enfant des jeux où l'on relie les points avec une règle : cela lui permettra de développer la précision des tracés.

Je m'entraine

1 QUIZ Coche Vrai ou Faux.

a. Les points d'une ligne brisée sont alignés. Vrai ☐ Faux ☐

b. Un segment se trace à la règle. Vrai ☐ Faux ☐

c. Ces trois points sont alignés.  Vrai ☐ Faux ☐

d. C'est une droite.  Vrai ☐ Faux ☐

2 Repasse ces 4 droites en couleur en t'aidant de ta règle.

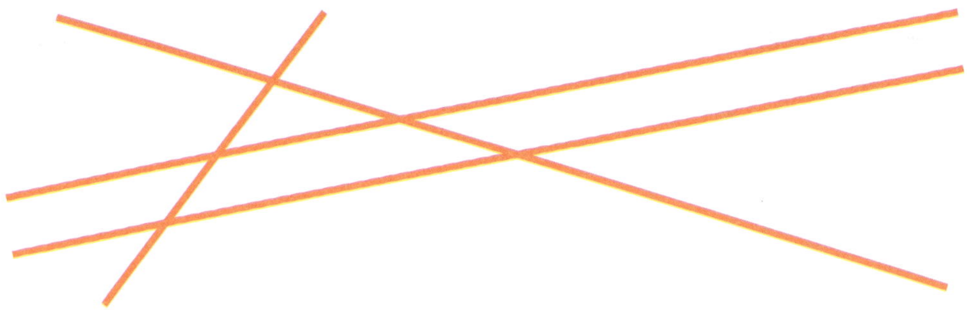

3

a. **Avec ta règle, trace la droite qui passe par ces deux points.**

b. **Place un point sur la droite que tu viens de tracer.**

c. **Complète la phrase.** Les trois points sont ....

jeu malin

Joins les points avec ta règle, dans l'ordre alphabétique, en partant de A. Qu'as-tu tracé ?

....

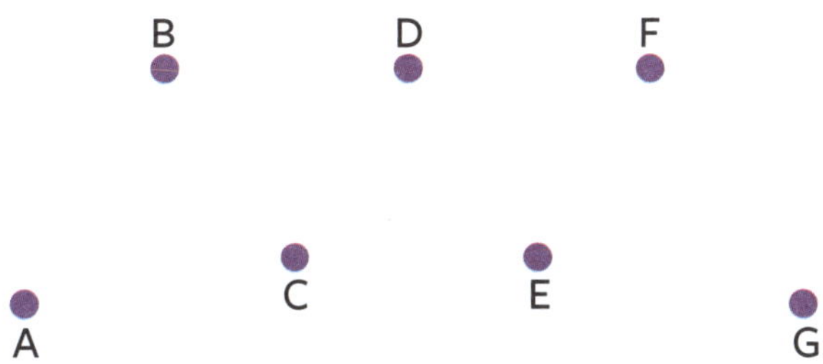

Bravo, tu as terminé ! Entoure ton smiley.

Corrigés page 27 du *Guide parents*

15 Les formes géométriques

Pour commencer
Quelle forme ont le plus souvent les affiches publicitaires dans la rue ?

J'apprends

▶ **Un triangle a 3 côtés.**

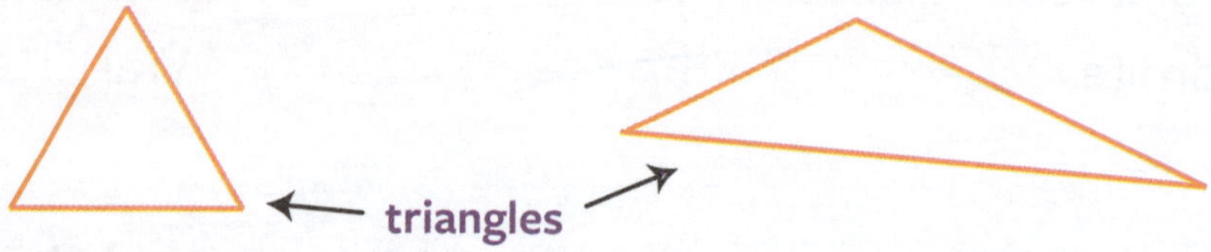

▶ **Un carré et un rectangle ont 4 côtés.**

Je comprends comment faire

▶ **Pour reconnaitre des formes superposables**

Les formes de la même couleur sont superposables.
Elles ont la même taille et le même contour.

INFO PARENTS

Faites faire des puzzles à vos enfants. En manipulant les pièces, ils vont ainsi se familiariser avec les formes géométriques.

Je m'entraine

1 **QUIZ** **Coche Vrai ou Faux.**

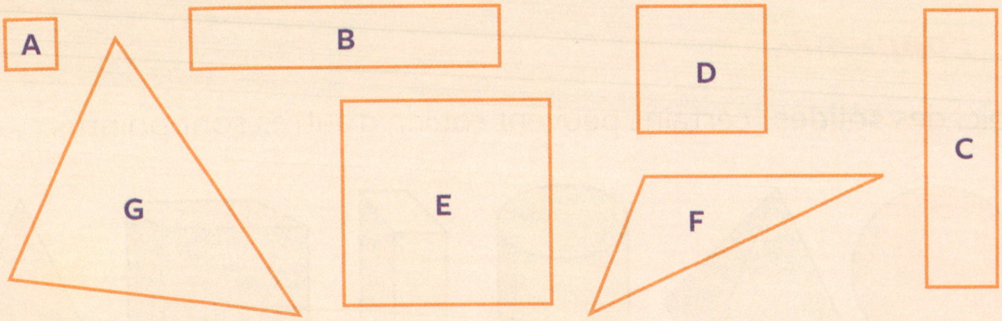

a. Les formes **E** et **D** sont superposables. ☐ Vrai ☐ Faux

b. **C** est un triangle. ☐ Vrai ☐ Faux

c. **A** est un carré. ☐ Vrai ☐ Faux

d. **B** est un rectangle. ☐ Vrai ☐ Faux

2 **Termine de tracer ce carré.**

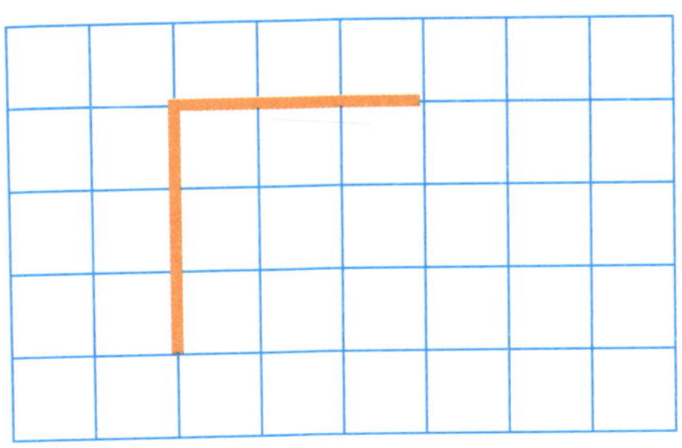

3 **Termine de tracer ce rectangle.**

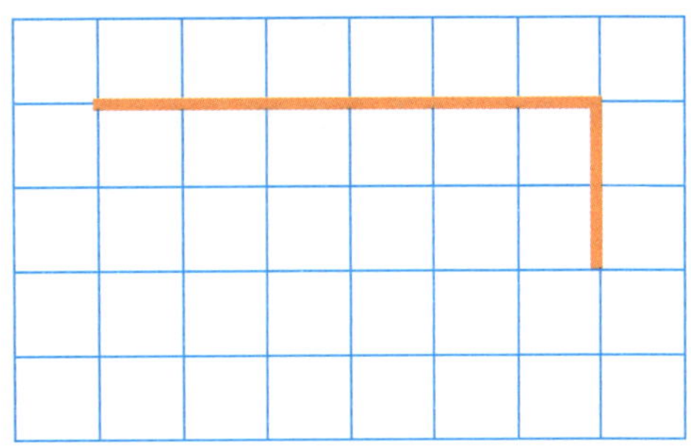

jeu malin

Colorie les 2 rectangles superposables.

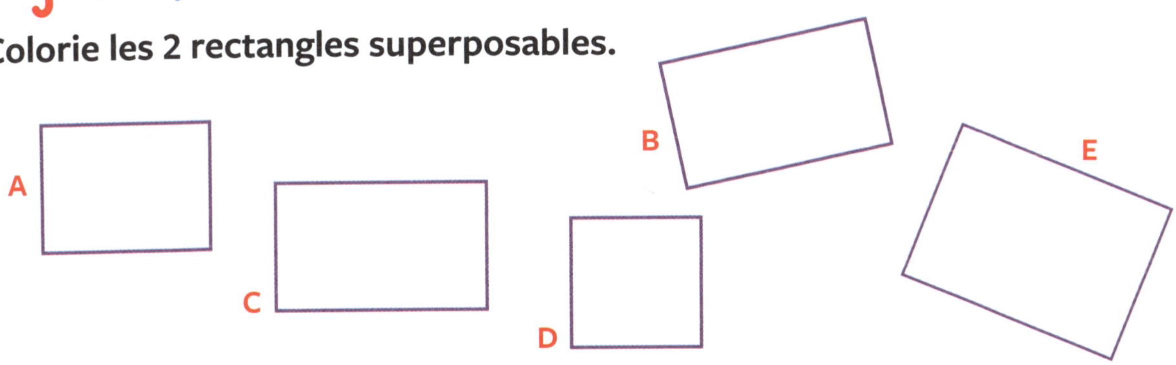

Bravo, tu as terminé ! Entoure ton smiley.

Corrigés page 27 du *Guide parents*

16 Les solides

Pour commencer
À quel solide te fait penser un dé à jouer ?

J'apprends

Voici des **solides** : certains peuvent rouler, d'autres sont pointus.

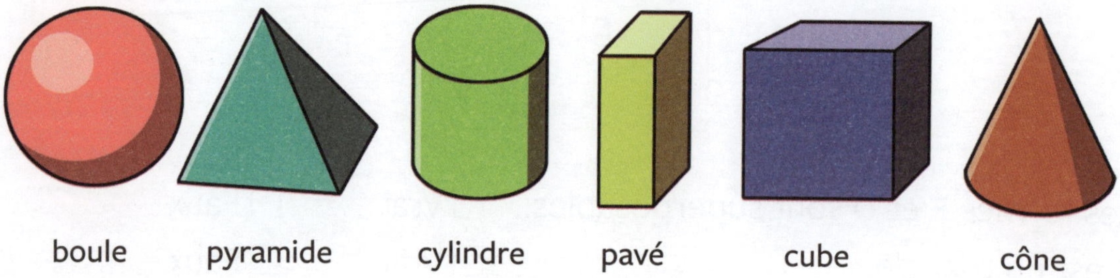

Je comprends comment faire

▶ Pour reconnaitre un cube

Un cube a **6 faces** qui sont des **carrés** et 8 sommets.

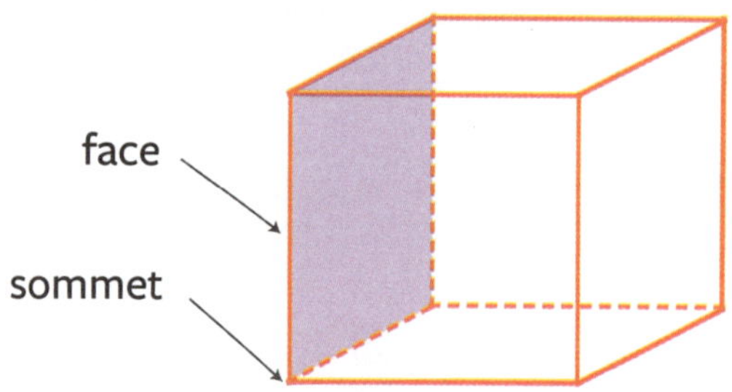

▶ Pour reconnaitre un pavé

Un pavé a **6 faces** qui sont des **rectangles** et 8 sommets.

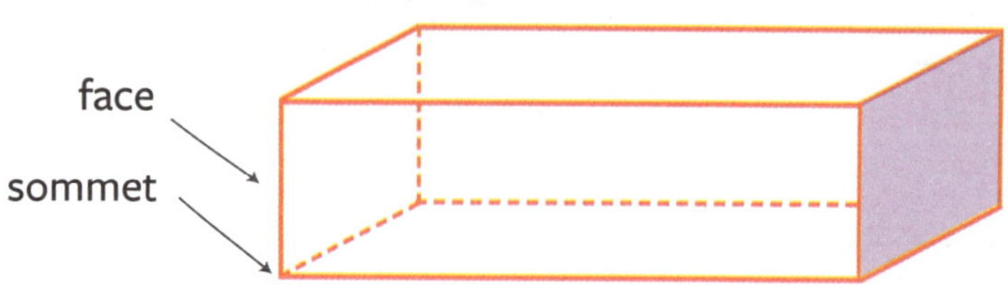

INFO PARENTS

Les emballages (brique de lait, paquet de gâteaux...) sont des exemples de solides. Demandez à votre enfant de les nommer et de compter les faces et les sommets. Il peut dans un premier temps les toucher du doigt pour les compter.

Je m'entraine

1 QUIZ Coche Vrai ou Faux.

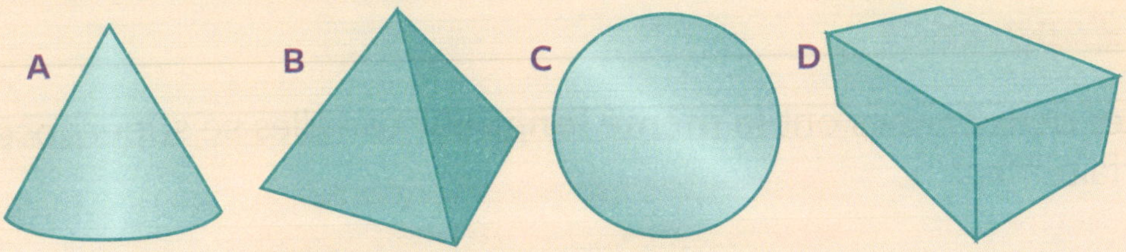

a. A est une pyramide. ☐ Vrai ☐ Faux

b. B est un cône. ☐ Vrai ☐ Faux

c. C est une boule. ☐ Vrai ☐ Faux

d. D est un pavé. ☐ Vrai ☐ Faux

2 Complète.

Ce solide a .... faces et .... sommets.

C'est un ....

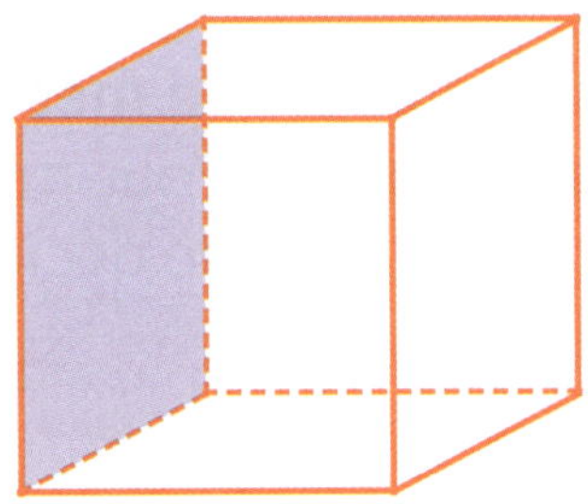

3 Complète.

Ce solide a .... faces et .... sommets.

C'est un ....

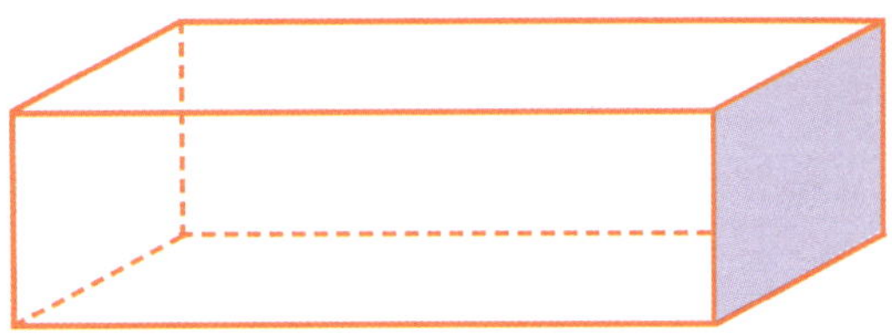

jeu malin

Combien y a-t-il de faces ? ....

Combien y a-t-il de sommets ? ....

Bravo, tu as terminé ! Entoure ton smiley.

Corrigés page 28 du *Guide parents*

17 Les mesures de longueurs

Pour commencer
À quoi servent les nombres qui sont sur une règle ?

J'apprends

• Ces deux bandes ont **la même longueur** car elles se superposent parfaitement.

• La bande bleue est **plus longue que** la bande verte.

On dit aussi que la bande verte est **plus courte que** la bleue.

• **Les longueurs se mesurent en centimètres.** Pour mesurer on utilise un double décimètre.

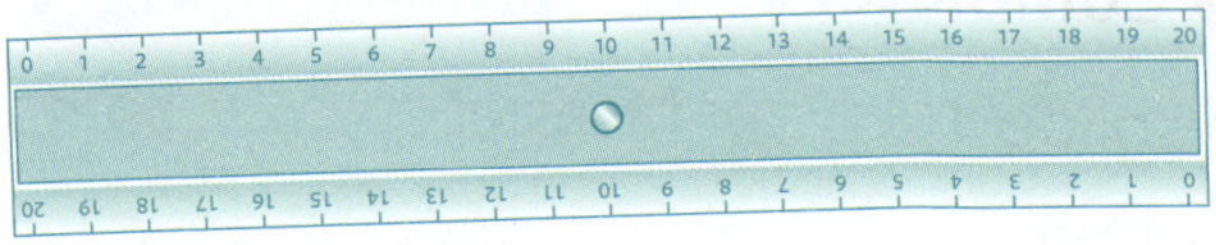

Je comprends comment faire

▶ Pour mesurer une longueur

1. Je place ma règle le long de la bande.

2. Je mets le zéro en face d'un bout de la bande.

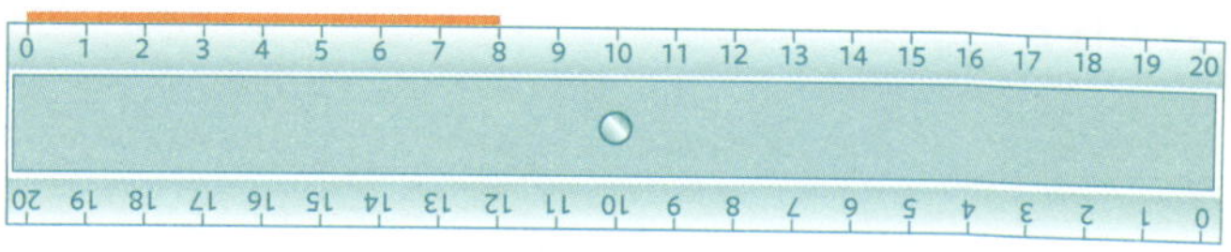

3. Je lis le nombre qui est en face de l'autre bout.

▶ Pour tracer un segment quand je connais sa longueur

Pour tracer un segment de 4 cm de longueur qui part d'un point :

1. je place bien le zéro de la graduation sur le point;

2. je trace le trait au crayon en suivant le bord de la règle;

3. je m'arrête à la graduation 4.

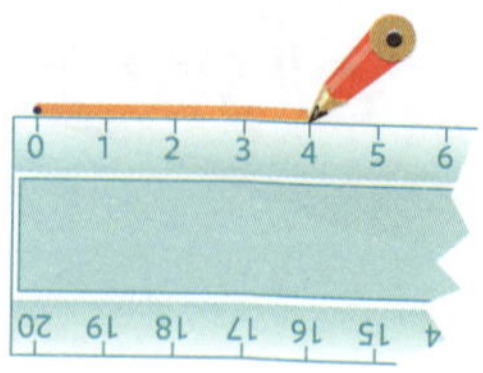

INFO PARENTS

Il existe des règles où le zéro est placé à l'extrémité, ce sera plus facile pour votre enfant de mesurer et de tracer.

Je m'entraine

1 QUIZ Coche Vrai ou Faux.

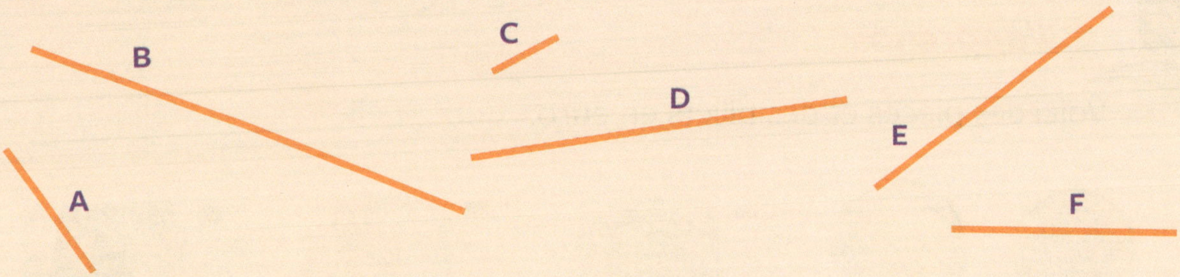

a. D et E ont la même longueur. ☐ Vrai ☐ Faux

b. B est plus long que A. ☐ Vrai ☐ Faux

c. F mesure 3 cm. ☐ Vrai ☐ Faux

d. C mesure 2 cm. ☐ Vrai ☐ Faux

2 Mesure et complète.

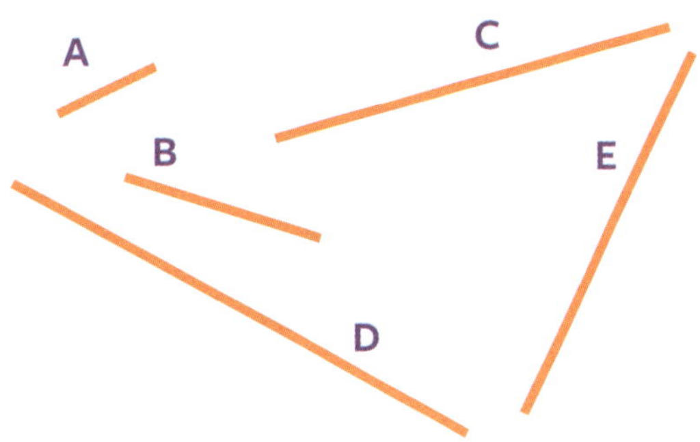

a. Le segment A mesure .... cm.

b. Le segment B mesure .... cm.

c. Le segment C mesure .... cm.

d. Le segment D mesure .... cm.

e. Le segment E mesure .... cm.

3 Place un point B sur la droite à 4 cm du point A.

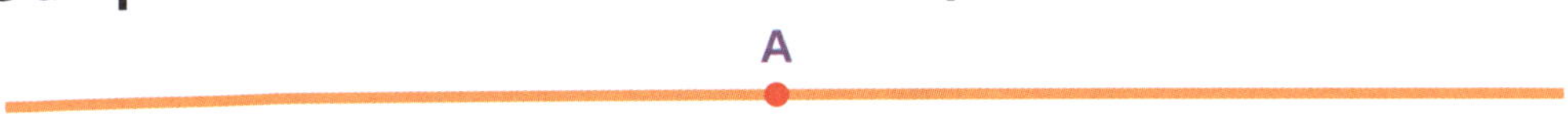

jeu malin

Sans utiliser de double décimètre, dis quelle est la ligne brisée la plus longue : la orange ou la bleue ?

....

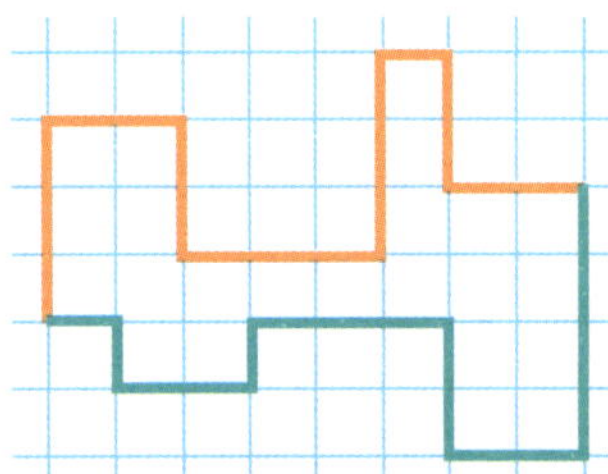

Bravo, tu as terminé ! Entoure ton smiley.

Corrigés page 28 du *Guide parents*

18 La monnaie

Pour commencer

Comment s'appelle la monnaie utilisée en France ?

J'apprends

Voici des pièces et des billets en euro.

1 € | 2 € | 5 € | 10 € | 20 €

Je comprends comment faire

▶ Pour échanger

▶ Pour payer une somme

Pour payer cet objet il faut :
18 = 10 + 5 + 2 + 1

▶ Pour vérifier sa monnaie

Si je paye 18 € avec un billet de 20 €, on me rendra 2 €.
Car 20 – 18 = 2

INFO PARENTS

Prêtez à votre enfant des pièces et des billets pour qu'il puisse mieux se représenter les situations proposées. La manipulation va l'aider à résoudre les problèmes.

Je m'entraine

1 **QUIZ** **Coche Vrai ou Faux.**

A

B

C

D

a. La somme A est plus petite que la somme C. ☐ Vrai ☐ Faux

b. La somme B est la plus grande. ☐ Vrai ☐ Faux

c. La somme C est égale à 9 €. ☐ Vrai ☐ Faux

d. La somme D est égale à 30 €. ☐ Vrai ☐ Faux

2 **Comment obtenir 14 € avec le plus petit nombre de pièces de 1 € et de billets de 5 €? Dessine-les.**

3 **Calcule chaque fois combien le marchand doit me rendre.**

a. Si je donne un billet de 10 € pour un gâteau à 7 €? ....

b. Si je donne un billet de 20 € pour un jeu à 16 €? ....

c. Si je donne un billet de 20 € pour un bouquet de fleurs à 14 €? ....

d. Si je donne un billet de 10 € pour une bougie à 4 €? ....

jeu malin

Qui est la plus riche ?

....

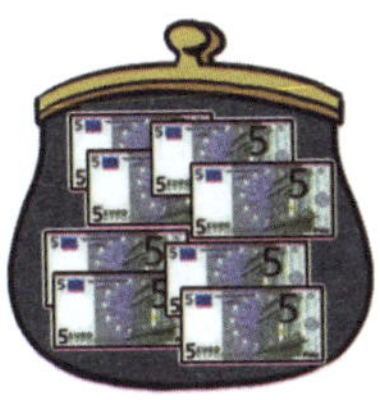

Léa

Rachel

Mathilde

Bravo, tu as terminé ! **Entoure ton smiley.**

Corrigés page 28 du *Guide parents*

19 Les masses

Pour commencer

Comment s'appelle l'appareil qui permet de peser un objet ?

J'apprends

▶ On compare les masses avec une balance.

Les deux objets ont la même masse, la balance est en équilibre.

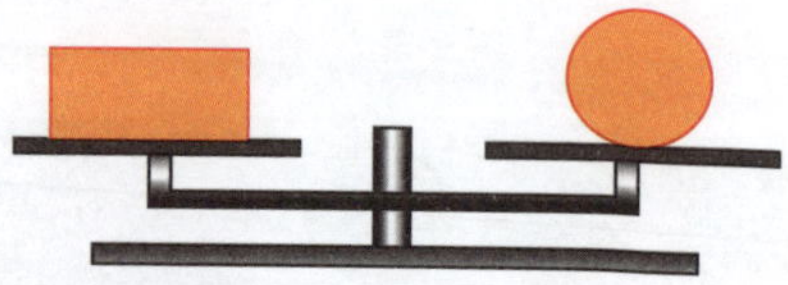

est plus lourd que
ou est plus léger que .

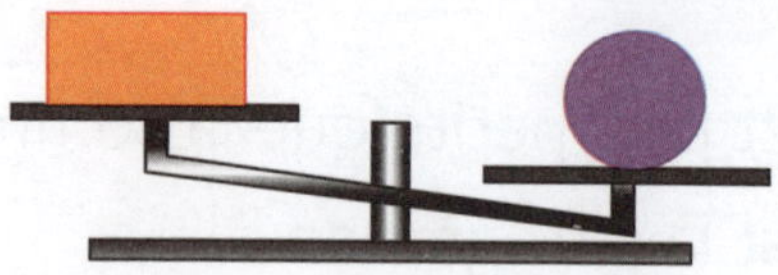

▶ Les masses se mesurent en kilogrammes (kg).

Je comprends comment faire

▶ Pour comparer des masses

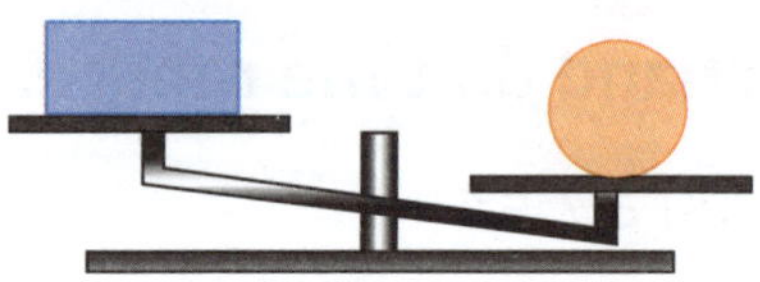

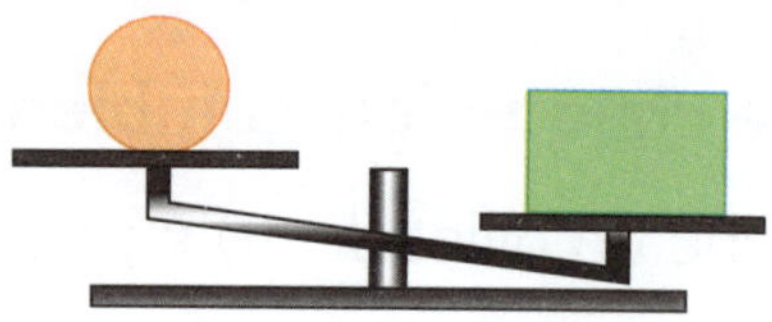

est plus lourd que et est plus lourd que

donc est plus lourd que .

▶ Pour trouver la masse d'un objet

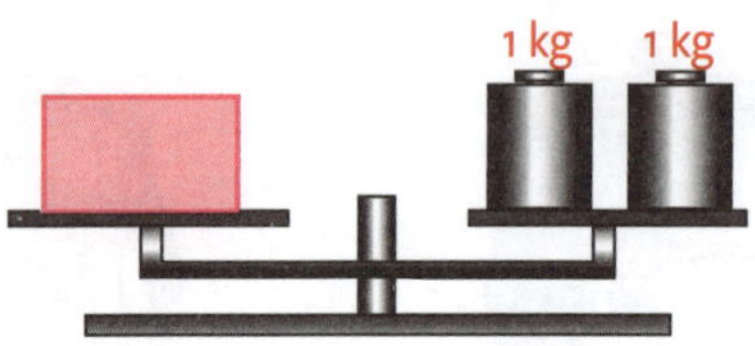

a une masse de 2 kg.

INFO PARENTS

Lors de vos courses, faites soupeser des objets à votre enfant en lui demandant de comparer les masses. Proposez des objets volumineux qui soient légers pour montrer qu'il n'y a pas de relation évidente entre le volume et la masse.

Je m'entraine

1 QUIZ Coche Vrai ou Faux.

a. 🎁 est aussi lourd que 🎁🎁. ☐ Vrai ☐ Faux

b. 🎁 est plus léger que 🎁. ☐ Vrai ☐ Faux

c. 🎁 est plus lourd que 🎁🎁🎁. ☐ Vrai ☐ Faux

2 Complète les phrases par le mot lourd ou léger.

a. 🍒 est plus .... que 🍎.

b. 🍍 est plus .... que 🍎.

3 Observe et réponds à la question.

Quels sont les objets que je peux transporter si je ne peux pas mettre plus de 5 kg dans mon panier?

....

jeu malin

Voici 4 bouteilles de sirop de grenadine. Laquelle est la plus lourde? ....

Laquelle est la plus légère? ....

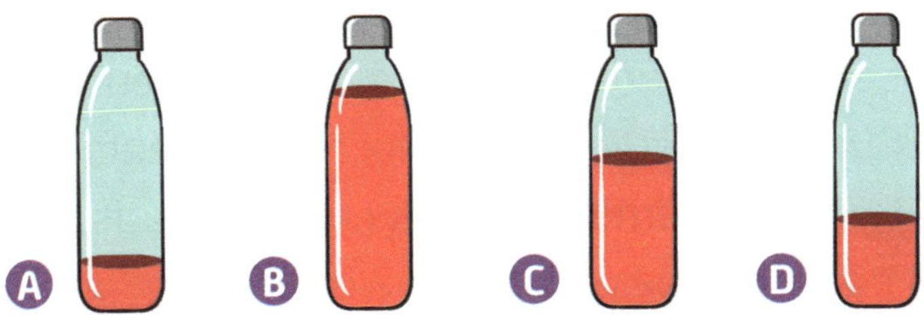

Bravo, tu as terminé ! Entoure ton smiley. 😐 🙂 😃

Corrigés page 28 du *Guide parents*

20 Résolution de problèmes

Pour commencer

Dans un sac, j'ai 6 billes rouges et 8 billes vertes. Que puis-je calculer ?

J'apprends

Dans un problème, **les informations** nécessaires à sa résolution **sont fournies par l'énoncé** qui peut être un texte ou un dessin.

▶ Pour résoudre un problème, il faut :

- **bien lire le texte** ou observer les images ;
- **prendre le temps de comprendre** la question posée ;
- **chercher** ce qui est utile pour y répondre ;
- **bien poser** ses opérations ;
- **rédiger** la réponse.

Je comprends comment faire

▶ Pour résoudre des problèmes de répétition

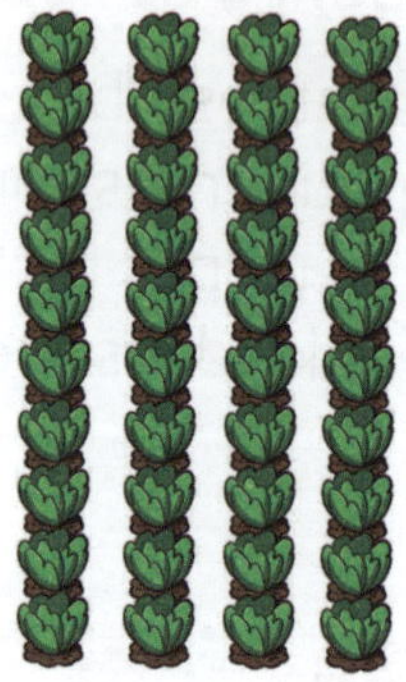

Un jardinier plante 10 salades par rangée.

Combien de salades va-t-il planter s'il fait 4 rangées ?

10 + 10 + 10 + 10 = 40

Il plantera 40 salades.

▶ Pour résoudre des problèmes de partage

Une fermière doit ranger 20 œufs dans des boites contenant 6 œufs.

Combien de boites va-t-elle remplir ?

→ Elle remplit une première boite, il lui reste 14 œufs.

→ Elle remplit une deuxième boite, il lui reste 8 œufs.

→ Elle remplit une troisième boite, il lui reste 2 œufs.

→ Elle aura 3 boites pleines et il reste 2 œufs.

INFO PARENTS

Proposez à votre enfant de faire un dessin pour représenter le problème. Cela l'aidera à mieux visualiser les données du problème, et donc la solution.

Je m'entraine

1 QUIZ **Coche Vrai ou Faux.**

a. Tarik paye avec un billet de 20 euros un objet qui coute 12 euros.
Combien doit-on lui rendre? 8 euros ☐ Vrai ☐ Faux

b. Jean et ses deux camarades se partagent un sac qui contient 30 billes.
Quelle est la part de chacun? 15 billes ☐ Vrai ☐ Faux

c. Léo, qui a 10 ans, a 3 ans de plus que sa sœur.
Quel est l'âge de sa sœur? 13 ans ☐ Vrai ☐ Faux

d. Un jardinier plante 3 rangées de 10 plants de fraisiers chacune.
Combien de fraisiers a-t-il plantés? 30 fraisiers ☐ Vrai ☐ Faux

2 Dans un casier à bouteilles, il y a 2 rangées de 6 bouteilles.
Combien de bouteilles peut-on mettre dans le casier ?

....

....

....

Aide-toi en faisant un dessin.

3 Dans un paquet de biscuits, il y a 12 biscuits. Pour mon gouter d'anniversaire, il me faut 40 biscuits. **Combien de paquets faut-il acheter ?**

....

....

....

Aide-toi en faisant un dessin.

jeu malin

Une plante double sa taille en un jour.
Si elle mesure 2 cm le lundi, combien mesure-t-elle le vendredi?

....

Bravo, tu as terminé ! Entoure ton smiley. 😐 🙂 😀

Corrigés page 28 du *Guide parents*

TEMPS
EMC
ESPACE

Temps

Date | Évaluation

Enseignement moral et civique

Espace

1 L'alternance journée / nuit

Pour commencer

Que font la plupart des gens la nuit ?

J'apprends

- **La Terre est éclairée par le Soleil.** Elle tourne sur elle-même en 24 heures.
- Lorsque la partie de la Terre où nous habitons est tournée du côté du Soleil, c'est **la journée**. Même si le Soleil est caché par les nuages, il éclaire toujours.
- Quand le Soleil n'éclaire plus cette partie de la Terre, c'est pour nous **la nuit**.
- Comme la Terre ne s'arrête jamais de tourner, **les journées et les nuits se suivent tout le temps**.
- À l'aube, on peut voir **le Soleil se lever à l'est**.
- Le soir, **il se couche à l'ouest**.

Je comprends comment faire

▶ Pour lire des schémas

- Je repère **l'enfant** qui se trouve en France. **La flèche** indique que la Terre tourne.

- Sur le premier dessin, la France est éclairée par le Soleil. **C'est la journée**.

- Sur le deuxième dessin, **la Terre a tourné**. La France n'est plus éclairée par le Soleil. **C'est la nuit**.

INFO PARENTS

Incitez votre enfant à utiliser un globe et une torche pour représenter le Soleil. Il pourra ainsi mieux se rendre compte de l'alternance jour / nuit.

Je m'entraine

1 QUIZ Coche Vrai ou Faux.

a. C'est le Soleil qui éclaire la Terre. ☐ Vrai ☐ Faux
b. Le Soleil tourne autour de la Terre. ☐ Vrai ☐ Faux
c. La journée commence quand le soleil se couche. ☐ Vrai ☐ Faux
d. Le jour débute à 00h00 et finit à minuit. ☐ Vrai ☐ Faux
e. Je vais à l'école durant la journée. ☐ Vrai ☐ Faux
f. Le Soleil se lève à l'ouest. ☐ Vrai ☐ Faux
g. Quand c'est la journée en France, c'est la nuit de l'autre côté de la Terre. ☐ Vrai ☐ Faux
h. La journée et la nuit se suivent sans arrêt. ☐ Vrai ☐ Faux

2 Sur ce ruban qui représente un jour, écris *journée* ou *nuit* (deux fois).

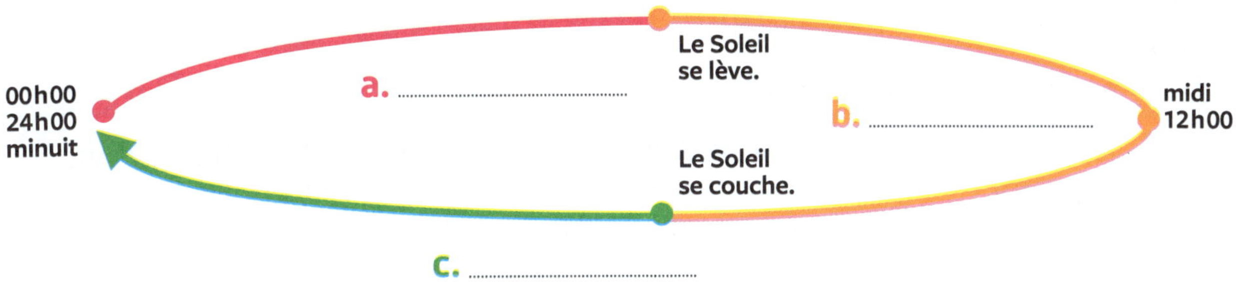

jeu malin

Récris ces mots en miroir en commençant par la fin.

a. LIELOS ....
b. TIUN ....
c. RUOJ ....
d. ERRET ....

Bravo, tu as terminé ! **Entoure ton smiley.** 😐 🙂 😀

Corrigés page 28 du *Guide parents*

2 Les jours, les semaines, les mois

Pour commencer

Combien d'heures dure un jour ?

J'apprends

• **Un jour** est composé d'une journée et d'une nuit. Il **dure 24 heures**. C'est le temps que met la Terre pour faire un tour complet sur elle-même.

• Une **semaine** comprend **7 jours** qui se succèdent **toujours dans le même ordre** : lundi, mardi, mercredi, jeudi, vendredi, samedi, dimanche. Le jour suivant est appelé **le lendemain** et on nomme le jour qui précède, **la veille**.

• L'année est découpée en **12 mois** : janvier, février, mars, avril, mai, juin, juillet, aout, septembre, octobre, novembre, décembre.

• Les mois ont **30 ou 31 jours sauf le mois de février qui dure 28 ou 29 jours**.

Je comprends comment faire

▶ Pour se repérer sur un ruban de vie

• Voici le ruban de vie d'une personne de 30 ans. Elle marchait à 1 an. Elle a appris à lire à 6 ans. Elle allait au collège à 11 ans et elle faisait des études à 20 ans. Aujourd'hui, à 30 ans, elle a un enfant.

• On peut représenter la vie d'une personne sur **un ruban de vie**. Les évènements **les plus anciens sont à gauche**. **La flèche** indique que la vie continue.

INFO PARENTS

Incitez votre enfant à dessiner son ruban de vie.

Je m'entraine

1 QUIZ Coche la bonne réponse pour chaque proposition.

a. Dans une année, il y a:
- ☐ 7 jours.
- ☐ 12 mois.
- ☐ 30 ou 31 jours.

b. Une semaine est composée de:
- ☐ 7 jours.
- ☐ 12 mois.
- ☐ 30 ou 31 jours.

c. Les mois peuvent comporter:
- ☐ 7 jours.
- ☐ 12 mois.
- ☐ 30 ou 31 jours.

d. Une journée est composée de :
- ☐ 12 heures de jour et 12 heures de nuit.
- ☐ 24 heures.

2 Remets les images dans le bon ordre sur le ruban de vie de la poule.

a

b

c

d

e

f

1.	2.	3.	4.	5.	6. ....

jeu malin

Écris la réponse aux devinettes.

a. Je suis le 6e mois de l'année. ....

b. Je suis le lendemain de mardi. ....

c. Je suis le mois après aout. ....

d. Je suis le mois avant mars. ....

e. Je suis le mois après décembre. ....

f. Je suis le jour après dimanche. ....

g. Je suis la veille de lundi. ....

h. Je suis le 11e mois de l'année. ....

Bravo, tu as terminé ! Entoure ton smiley.

Corrigés page 28 du *Guide parents*

3 Les saisons

Pour commencer
Combien y a-t-il de mois dans une année ?

J'apprends

Les hommes ont observé **les changements du temps et de la nature** et ils ont ensuite découpé **l'année en 4 saisons qui se suivent toujours dans le même ordre**. Chaque saison dure 3 mois.

- **Au printemps**, les journées sont de plus en plus longues et il pleut souvent. La nature se réveille.
- **En été**, il fait chaud. Les fruits sont nombreux. C'est aussi le temps des grandes vacances.
- **En automne**, les journées sont de plus en plus courtes. Les températures baissent.
- **En hiver**, il fait froid et il peut neiger. La nature s'endort. Les arbres n'ont plus de feuilles et beaucoup d'animaux hibernent.

Je comprends comment faire

▶ Pour analyser des tableaux

Le Printemps

L'Été

L'Automne

L'Hiver

Le peintre, Arcimboldo (≃ 1527-1593) a représenté les saisons.

- De loin, ces tableaux représentent **des personnages** de plus en plus vieux. On remarque qu'ils sont **composés de fleurs, de fruits et de légumes** de chacune des saisons.

→ Pour *Le Printemps*, des roses remplacent les joues, *L'Été*, c'est une pêche, *L'Automne*, c'est une pomme et *L'Hiver*, c'est du bois.

INFO PARENTS

Demandez à votre enfant de réaliser une fiche par saison en y dessinant le temps qu'il fait, les fruits que l'on mange, les vêtements portés et les événements (anniversaire, fête...).

Je m'entraine

1 QUIZ Coche la bonne réponse.

a. En France, il y a 3 saisons. ☐ Vrai ☐ Faux

b. En automne, les températures baissent. ☐ Vrai ☐ Faux

c. Au printemps, la nature se réveille. ☐ Vrai ☐ Faux

d. Une saison dure un mois. ☐ Vrai ☐ Faux

2 Complète le tableau avec le nom des saisons.

a.	b. été	c.	d. ....
du 20 mars au 20 juin	du 21 juin au 22 septembre	du 23 septembre au 20 décembre	du 21 décembre au 19 mars

3 Observe le tableau de l'exercice 2 et réponds aux questions.

a. Quand se termine l'hiver? ....

b. Quelle saison commence en septembre? ....

c. Quels sont les mois du printemps? ....

d. Quel mois est à la fois au printemps et en été ? ....

jeu malin

Écris dans la grille le nom des saisons.

a

b

c

d

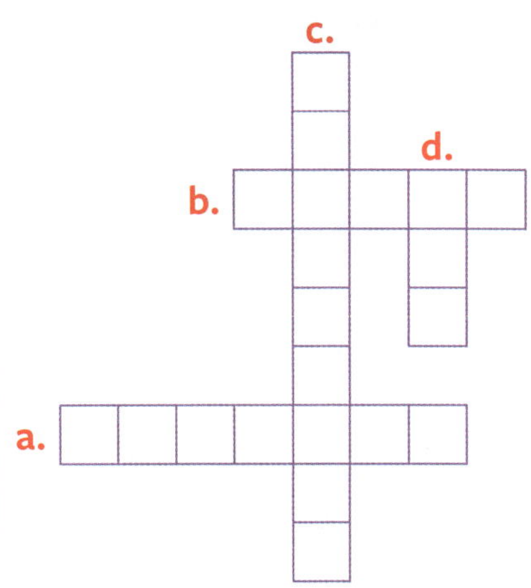

Bravo, tu as terminé ! Entoure ton smiley.

Corrigés page 28 du *Guide parents*

4 La vie de nos grands-parents

Pour commencer

Étant enfant, tes grands-parents regardaient-ils des dessins animés plutôt sur une tablette ou au cinéma ?

J'apprends

La vie de nos grands-parents lorsqu'ils étaient enfants, était **très différente de celle d'aujourd'hui.**

- À la maison, il n'y avait **ni ordinateur, ni tablette, ni jeu vidéo**. **Le téléphone portable n'existait pas** et pour téléphoner, il fallait souvent utiliser des cabines téléphoniques. On écoutait de la musique en posant des disques sur **des électrophones**.
- **Les fastfood n'existaient pas** et on mangeait moins de plats surgelés.
- Les filles portaient assez peu de pantalons et les jeans n'étaient pas aussi répandus qu'aujourd'hui.
- On jouait avec un cerceau, à la corde, aux osselets, avec un ballon, à la poupée ou aux voitures. **Il y avait beaucoup moins de jouets**, il fallait en fabriquer ou inventer des aventures.

Je comprends comment faire

▶ Pour comprendre une photo

Un électrophone

- Cet objet est **un électrophone**. Il permet d'**écouter de la musique**.
- On pose un disque en vinyle sur la platine. Le bras à droite est levé puis posé sur le bord du disque qui se met à tourner. Le son est produit par le contact d'une aiguille sensible sur le microsillon. Le son sort. Il est amplifié par le haut-parleur : la partie grillagée.
- Quand on a fini, **on referme la valise pour la ranger**.

INFO PARENTS

Demandez à votre enfant d'interroger ses grands-parents sur leurs habitudes étant enfant. Ils pourront peut-être lui montrer des objets de cette époque.

Je m'entraine

1 QUIZ Coche les bonnes réponses.

a. Nos grands-parents pouvaient utiliser :
☐ un téléphone portable. ☐ un électrophone. ☐ un ordinateur.

b. Ils mangeaient :
☐ plus de plats surgelés. ☐ moins de plats surgelés.

c. Ils avaient :
☐ plus de jouets. ☐ moins de jouets.

2 Écris pour chaque photo s'il s'agit de l'époque des grands-parents (GP) ou des enfants (E).

a. un cartable
....

b. un TNI
....

c. un autobus à passerelle
....

d. une console de jeu vidéo
....

e. des osselets
....

jeu malin

À l'aide du code, retrouve le nom de l'objet ou de la technique de remplacement.

a

b

c

d

A	C	D	E	G	H	I	L	M	N	R	S	V
1	2	3	4	5	6	7	8	9	10	11	12	13

a. 9 1 2 6 7 10 4 1 8 1 13 4 11 : ....

b. 2 3 : ....

c. 3 13 3 : ....

d. 12 4 2 6 4 8 7 10 5 4 : ....

Bravo, tu as terminé ! Entoure ton smiley.

Corrigés page 29 du *Guide parents*

5 Les émotions

Pour commencer
Que ressent-on en général face à un danger ou une menace ?

J'apprends

Dans certaines situations, **on ressent des émotions**. Il est important de **les reconnaitre pour les exprimer clairement**.

- **La peur** est ressentie en présence d'un danger ou d'une menace. On peut dans ce cas trembler ou ne plus pouvoir bouger.
- Quand on est agressé ou quand on manque de quelque chose, on ressent parfois de **la colère**. On peut alors avoir chaud ou envie de hurler.
- Si on perd quelque chose ou qu'on se sent désavantagé, **la tristesse** peut nous envahir. On a souvent envie de pleurer.
- **La joie** est ressentie lorsqu'une chose nous plait. Très souvent, elle est associée au sourire. On peut aussi avoir envie de sauter partout.

Je comprends comment faire

▶ Pour lire les émotions sur un visage

- Il y a **plusieurs expressions** pour chaque émotion. On retrouve cependant **certaines caractéristiques**.

– Les visages **joyeux** sont détendus, les sourcils se lèvent, les lèvres sourient.

– Sur des visages **tristes**, la peau du front se plisse et la bouche s'abaisse.

– Dans un moment de **peur**, les dents se découvrent, les yeux sont grand ouverts.

– Sous le coup de **la colère**, les sourcils se froncent et les yeux se rétrécissent.

INFO PARENTS
Demandez à votre enfant de mimer plusieurs émotions (la joie, la tristesse, la colère, la peur, l'ennui, la surprise...).

Je m'entraine

1 QUIZ Coche Vrai ou Faux.

a. Certaines situations provoquent la colère.	☐ Vrai	☐ Faux
b. Quand on perd quelque chose, on a envie de sourire.	☐ Vrai	☐ Faux
c. En présence d'un danger, on ressent de la joie.	☐ Vrai	☐ Faux
d. Il est important d'exprimer ce qu'on ressent.	☐ Vrai	☐ Faux

2 Observe les différentes émotions et associe les expressions qui s'y rapportent.

a. être effrayé
b. être aux anges
c. être peiné
d. être ravi
e. être vert de peur
f. être furieux
g. être content
h. être rouge de colère
i. être chagriné
j. être terrorisé
k. broyer du noir
l. être fâché

La peur : ....

La joie : ....

La colère : ....

La tristesse : ....

jeu malin

Écris dans la grille l'émotion provoquée par chaque situation.

a. Ton équipe favorite remporte le match.
b. Un papa voit son garçon traverser la rue sans regarder à droite et à gauche.
c. Julie a perdu son livre préféré.
d. Ma petite sœur a fait des dessins sur mon cahier de devoirs.

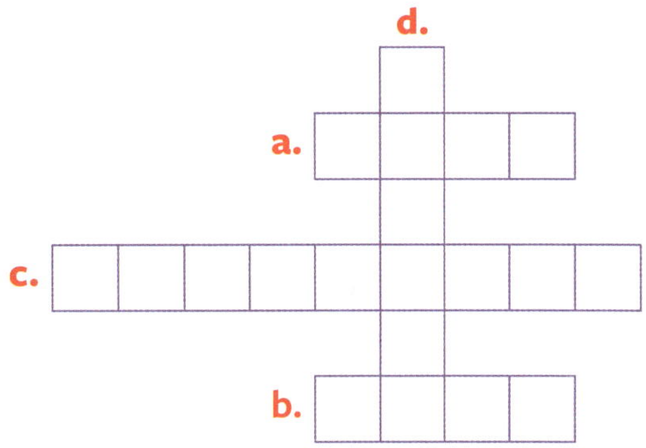

Bravo, tu as terminé ! Entoure ton smiley.

Corrigés page 29 du *Guide parents*

6 Prendre soin de soi

Pour commencer
Combien de fois faut-il se laver les dents chaque jour ?

J'apprends

Pour bien grandir et être en bonne santé, il faut **prendre soin de soi** en respectant **quelques règles**.

- **Les aliments** permettent au corps de se construire et d'avoir de l'énergie. Ils doivent être **variés**. Il faut éviter le sucre et le gras qui peuvent rendre notre corps malade si on en mange trop.
- **Le sommeil** doit être **suffisant**. Il permet au corps de grandir, au cerveau de retenir ce qui a été appris et de rester concentré sur ses activités.
- **L'hygiène du corps** permet d'éviter certaines maladies. Il faut **se laver le corps** tous les jours, les **dents** au moins deux fois par jour et **les mains** plusieurs fois par jour.

Je comprends comment faire

▶ Pour lire et comprendre une affiche

1. J'observe l'affiche.

- Je remarque **les 5 étapes pour bien se nettoyer les mains**. L'utilisation du savon est nécessaire.
- Je retiens **les moments où il faut se laver les mains**. Par exemple, avant les repas.

2. Je comprends sa signification.

La phrase «À bas les microbes!» permet de comprendre que **se laver les mains détruit les microbes** qui sont invisibles mais qui peuvent nous rendre malades.

INFO PARENTS

Vous pouvez demander à votre enfant de faire une affiche avec les règles d'hygiène (se brosser les dents, se laver le corps et les mains, changer ses vêtements...).

Je m'entraine

1 QUIZ Coche la bonne réponse.

a. Pour se laver les mains, on utilise :
- ☐ uniquement de l'eau.
- ☐ de l'eau et du savon.

b. Il faut se laver les dents :
- ☐ de temps en temps.
- ☐ quand on y pense.
- ☐ au moins deux fois par jour.

c. Il vaut mieux :
- ☐ éviter le sucre et le gras.
- ☐ manger des frites tous les jours.

d. Le sommeil :
- ☐ c'est une perte de temps.
- ☐ permet au corps de se construire et au cerveau de bien fonctionner.

2 Coche les situations qui permettent d'être en bonne santé. ✗

jeu malin

Suis les fils pour trouver les gestes qui peuvent éviter ces situations.

Bravo, tu as terminé ! Entoure ton smiley.

Corrigés page 29 du *Guide parents*

7 Les règles de politesse

Pour commencer

Quel mot ne doit-on pas oublier pour demander quelque chose ?

J'apprends

Les règles de politesse **rendent la vie avec les autres plus agréable.** Elles leur montrent **notre respect et notre attention.**

• La politesse passe **par des mots** pour saluer, demander quelque chose, remercier ou s'excuser.

La manière de s'adresser aux autres est très importante. Si on ne connait pas la personne ou bien si elle est plus âgée, on la vouvoie.

• **Des gestes** peuvent également montrer notre respect.

Quand on s'adresse à une personne, on la **regarde dans les yeux.**

Se montrer poli, c'est aussi **manger proprement, ne pas parler trop fort ni tout le temps, écouter les autres** même si on n'est pas d'accord avec eux.

Je comprends comment faire

▶ Pour saluer les personnes dans d'autres pays

Les Américains

Les Esquimaux

Les Japonais

Les Thaïlandais

1. J'observe les illustrations.

• **Les gestes** pour se saluer sont différents.

• Il n'y a **parfois aucun mot** pour se dire bonjour ou au revoir.

2. Je comprends.

• **Les salutations** changent d'un pays à l'autre. Elles **dépendent de la culture du pays et des habitudes des habitants**. Quand on voyage, il est aussi important de montrer du respect envers les habitants et d'adopter leurs gestes.

INFO PARENTS

Aidez votre enfant à repérer les personnes de son entourage qu'il pourrait vouvoyer.

Je m'entraine

1 QUIZ Coche Vrai ou Faux.

a. Pour parler à une personne, il faut la regarder dans les yeux.	☐ Vrai	☐ Faux
b. Manger la bouche ouverte est respectueux des autres.	☐ Vrai	☐ Faux
c. On tutoie une personne qu'on ne connait pas.	☐ Vrai	☐ Faux

2 Coche les situations qui sont respectueuses des autres. ✗

☐ 
a

☐ 
b

☐ 

c

☐ 

d

☐ 

e

☐ 
f

☐ 

g

☐ 

h

jeu malin

À l'aide du code, écris les mots pour chaque situation.

A	B	C	D	E	I	J	L	M	N	O	P	R	S	T	U	V
□	🕯	❁	▶	♈	☼	♒	♌	★	❄	💧	⌖	⌑	♓	✿	♊	✎

a. ♓' ☼♌ ✿♈ ⌖♌□☼✿

....

b. 🕯💧❄ □⌖⌖♈✿☼✿

....

c. □♊ ⌑♈✎💧☼⌑

....

d. ⌖□⌑▶💧❄ ....

e. ★♈⌑❁☼ ....

f. 🕯💧❄♒💧♊⌑ ....

a

b

c

d

e

f

Bravo, tu as terminé ! Entoure ton smiley. 😐 🙂 😀

Corrigés page 29 du *Guide parents*

8 Les espaces familiers

Pour commencer
Quel meuble est associé à la chambre ?

J'apprends

- Les **endroits** que nous connaissons bien sont des lieux **familiers**. Il s'agit par exemple de la maison, de la classe ou de l'école. Ces espaces sont **proches de nous** mais **très différents les uns des autres.** Pour **évoquer ces lieux**, on utilise **leurs spécificités** (pour la chambre : le lit, une table, un bureau...).
- Pour représenter ces différents espaces, on peut utiliser **des photos, des textes, des dessins, des tableaux, des maquettes ou des plans**.

Je comprends comment faire

▶ Pour représenter un lieu de différentes manières

La chambre d'Arles, Vincent Van Gogh

Le sol est à carreaux rouges.
Le bois du lit et les chaises sont jaune beurre frais, le drap et les oreillers citron vert très clair.
La couverture rouge écarlate.
La fenêtre verte. La table à toilette orangée, la cuvette bleue.
Les portes lilas.

Lettre de Vincent Van Gogh à son frère

- Sur le tableau, Van Gogh a peint **les objets** de sa chambre.
- Dans la lettre, il donne **des détails précis sur les couleurs**. Cela permet d'avoir une bonne idée de la réalité.
- Vincent Van Gogh est un peintre célèbre. Comme il ne pouvait pas envoyer la toile à son frère, il lui a écrit.

→ Il a utilisé **la lettre et le tableau pour représenter un même lieu,** sa chambre.

INFO PARENTS

Demandez à votre enfant de dessiner sa chambre mais aussi sa classe.

Je m'entraine

1 QUIZ Coche Vrai ou Faux.

a. La maison n'est pas un espace familier.	☐ Vrai	☐ Faux
b. Je peux représenter ma classe avec un dessin.	☐ Vrai	☐ Faux
c. Je peux écrire un texte pour décrire mon école.	☐ Vrai	☐ Faux
d. Il n'y a que la photo pour représenter un lieu.	☐ Vrai	☐ Faux

2 Nomme les éléments de la photo pour la décrire puis coche le dessin qui correspond à la photo. ✗

a. ☐

b. ☐

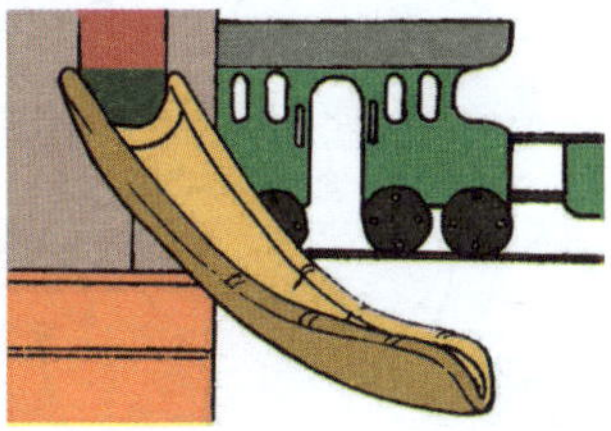

c. ☐

d. ☐

jeu malin

Entoure dans la grille les noms des objets repérés sur l'illustration.

E	A	T	D	G	J	O	C	U	D	P	S	M	E
B	I	B	L	I	O	T	H	E	Q	U	E	R	Z
Q	O	A	B	U	R	E	A	U	P	A	R	U	S
D	O	F	A	O	R	D	I	N	A	T	E	U	R
B	A	R	T	U	E	V	S	I	C	A	P	O	I
H	C	A	T	A	B	L	E	A	U	G	L	U	C

Bravo, tu as terminé ! Entoure ton smiley. 😐 🙂 😀

Corrigés page 29 du *Guide parents*

9 Se repérer dans l'espace

Pour commencer

Comment s'appelle l'instrument qui permet de trouver le nord ?

J'apprends

• **Pour situer un objet** mais aussi **pour se repérer**, nous avons besoin **d'utiliser des mots précis** : avant, après, à gauche, à droite, dessus, dessous, à côté de, devant, derrière, au milieu…

• Les hommes se sont mis d'accord sur **quatre directions** qu'on peut déterminer **grâce à une boussole** : le nord, le sud, l'est et l'ouest.

Je comprends comment faire

▶ Pour positionner un élément

Louise Ali Samuel Julie Luc Annabel

Un élément se positionne toujours **par rapport à un autre**.

1. Je dois donc commencer par **trouver la personne ou l'objet qui sert de repère**.
2. Puis, j'imagine que **je prends sa place**.
3. Je peux alors **indiquer la position de l'élément** en utilisant les mots justes et précis.

Quand je me mets à la place de Julie, dans le même sens, Samuel est à droite.

INFO PARENTS

Sur des photos, demandez à votre enfant de situer les personnes les unes par rapport aux autres.

Je m'entraine

1 QUIZ Coche les bonnes réponses.

a. Pour situer un objet, nous avons besoin :

☐ d'un peu de chance. ☐ de mots précis.

b. L'instrument qui permet de s'orienter est :

☐ une boussole. ☐ un parasol.

2 Complète les phrases avec les mots suivants.

entre – sous – à côté

a. Les chaussons sont .... le lit.

b. La fenêtre est .... le miroir et l'affiche.

c. Le cartable est .... du bureau.

jeu malin

Récris les noms des directions écrits en miroir.
Complète la boussole avec les directions S, O, E.

a. DRON : ....

b. DUS : ....

c. TSEUO : ....

d. TSE : ....

Bravo, tu as terminé ! Entoure ton smiley.

Corrigés page 29 du *Guide parents*

10 Le plan

Pour commencer
Que peut-on faire pour représenter un endroit ?

J'apprends

Le plan représente **tous les éléments d'un même endroit sur une feuille**.

• Pour éviter qu'un objet n'en cache un autre, **il faut imaginer qu'on se trouve au-dessus**.

• **Les objets** sont **à la même place que dans la réalité**. Ils sont **représentés de manière simplifiée:** on ne dessine que leur forme vue du dessus, sans les détails.

• **Pour mieux comprendre le plan**, il y a des dessins ou des écritures qui l'accompagnent. Ce sont **les légendes**.

Pour se repérer sur le plan, on peut ajouter **un quadrillage**.

Je comprends comment faire

▶ Pour se déplacer sur un plan

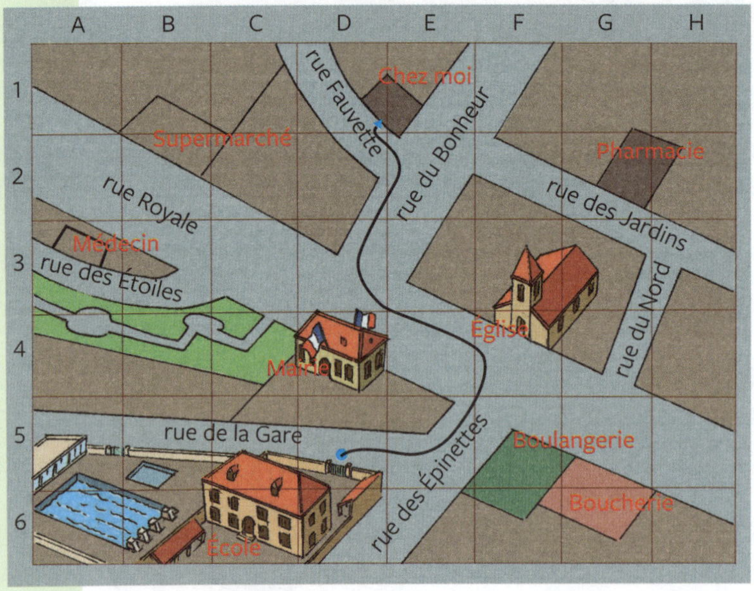

• Je marque **l'endroit où je me situe** et **l'endroit où je vais**.

• Je trace **le chemin sur le plan**.

• **Je suis le trait. Lorsqu'il change de direction, je fais pareil.** Je **prends des repères** comme les commerces, la mairie...

• Je cherche **le nom des rues par lesquelles passe le trajet**.

→ Je pars de l'école élémentaire rue de la Gare. Je tourne à gauche rue des Épinettes...

INFO PARENTS

Demandez à votre enfant de réaliser le plan de sa chambre ou celui de la salle à manger.

Je m'entraine

1 QUIZ Coche Vrai ou Faux.

a. Sur un plan, les objets sont représentés du dessus. ☐ Vrai ☐ Faux

b. Les objets ont la même place que dans la réalité. ☐ Vrai ☐ Faux

c. Les légendes quadrillent le plan. ☐ Vrai ☐ Faux

2 Réponds aux questions à l'oral. Aide-toi du plan de la page 126.

a. Quels sont les commerces de la rue Royale?

b. Dans quelle case se trouve la mairie? c. Quel bâtiment se trouve en A6?

3 Coche le chemin emprunté par papa s'il veut aller chez le médecin. ✗

a. ☐ Il part de la rue du Nord. Il prend la rue du Sud puis il arrive rue de l'Est.

b. ☐ Il part de la rue Fauvette. Il prend la rue du Bonheur, la rue Royale puis la rue des Étoiles.

jeu malin

Complète la légende du plan en t'aidant du code.

A	B	C	E	G	H	I	L	N	O	R	S	T	U	V
1	2	3	4	5	6	7	8	9	10	11	12	13	14	15

a. 13 1 2 8 4 1 14

b. 13 1 2 8 4

c. 2 14 11 4 1 14

d. 3 6 1 7 12 4

e. 4 15 7 4 11

f. 3 10 7 9 8 4 3 13 14 11 4

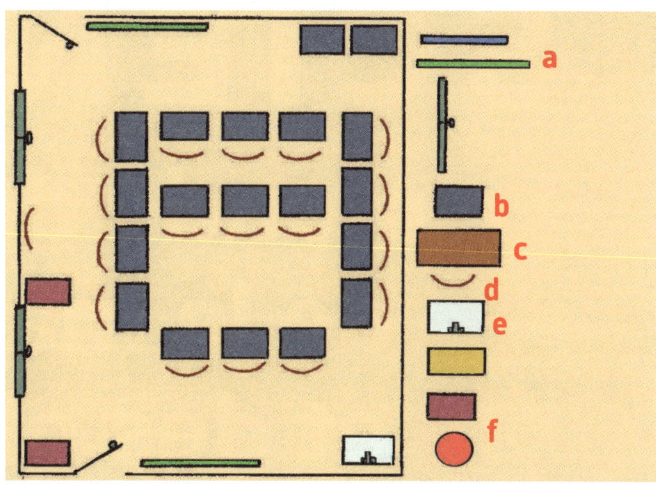

Bravo, tu as terminé ! Entoure ton smiley.

SCIENCES

Le monde du vivant, de la matière et des objets

La matière

Date | Évaluation

Le monde vivant

Les objets techniques

1 Liquide, solide

Pour commencer

Quels différents liquides peux-tu trouver dans ta cuisine ?

J'apprends

- L'eau, les boissons sont **des liquides**.

On les garde dans des récipients. La surface d'un liquide est plane et horizontale, comme celle d'un lac.

- Les objets sont **des solides**.

Ils ont chacun une forme et on peut les saisir. Certains solides sont formés de tout petits grains : le sel, le sable, etc. Ils peuvent couler mais leur surface n'est ni plane, ni horizontale.

Un morceau de chocolat ou un glaçon sont des solides. Si on les chauffe, ils fondent et deviennent liquides : c'est la **fusion**.

Inversement, quand un liquide devient solide en se refroidissant, c'est la **solidification**.

Lac Léman

Grains de sel

Je comprends comment faire

▶ Pour reconnnaitre un solide et un liquide

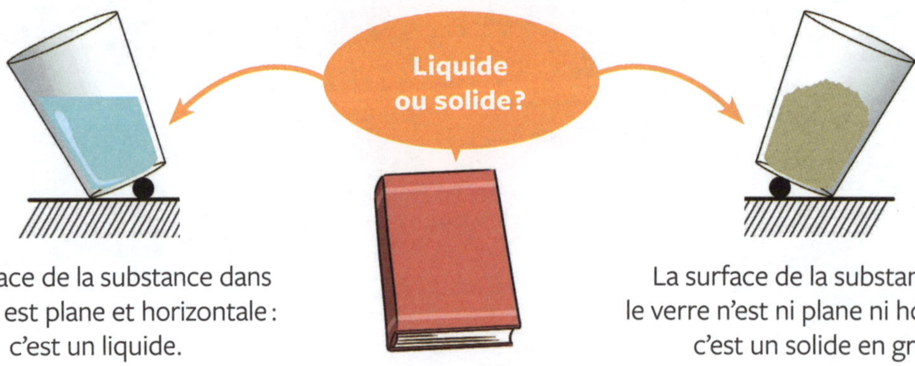

La surface de la substance dans le verre est plane et horizontale : c'est un liquide.

La surface de la substance dans le verre n'est ni plane ni horizontale : c'est un solide en grains.

L'objet a une forme et on peut le saisir : c'est un solide.

INFO PARENTS

Mettez un verre avec un peu d'huile végétale au réfrigérateur et observez avec votre enfant quelques heures plus tard qu'elle est devenue solide. Faites-lui observer le changement d'état progressif lorsque l'on met le verre à température ambiante.

Je m'entraine

1 QUIZ Coche Vrai ou Faux.

a. Le sable est un liquide. ☐ Vrai ☐ Faux

b. La surface d'un liquide au repos est plane. ☐ Vrai ☐ Faux

c. Certains solides peuvent couler. ☐ Vrai ☐ Faux

d. Le passage de l'état solide à l'état liquide s'appelle la liquidation. ☐ Vrai ☐ Faux

2 Entoure les récipients qui contiennent un solide en grains.

3 Écris au-dessus de la flèche le nom de la transformation du chocolat. Pour cette transformation, le chocolat doit-il être chauffé ou refroidi ? Entoure le bon mot.

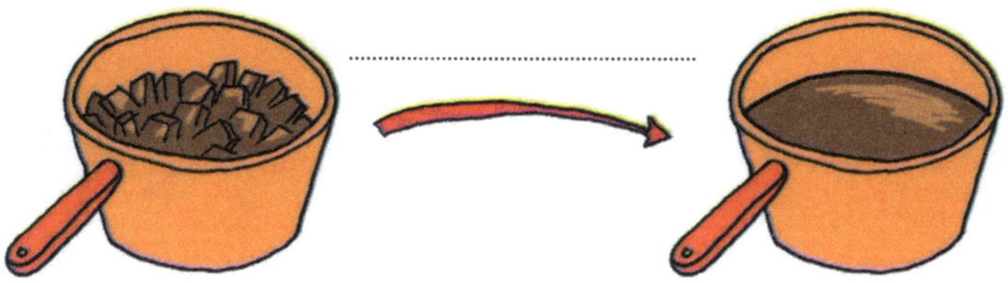

jeu malin

Liquide ou solide? Trouve l'intrus et fais une croix dessus.

Bravo, tu as terminé ! Entoure ton smiley.

Corrigés page 30 du *Guide parents*

2 L'air et le vent

Pour commencer
Comment peux-tu faire du vent avec ta bouche ?

J'apprends

• L'**air** est partout autour de nous. C'est un **gaz invisible** qu'on peut ressentir sur notre peau (courant d'air, vent), dans notre nez et notre bouche lorsqu'on respire.

• Dans un objet apparemment vide, il y a de l'air. Si l'on enfonce dans l'eau un verre vide retourné puis qu'on le penche, l'air s'échappe en formant des **bulles**.

• Le **vent** est un déplacement naturel de l'air. Plus l'air se déplace vite, plus le vent souffle fort. Une **manche à air** indique la direction et la force du vent.

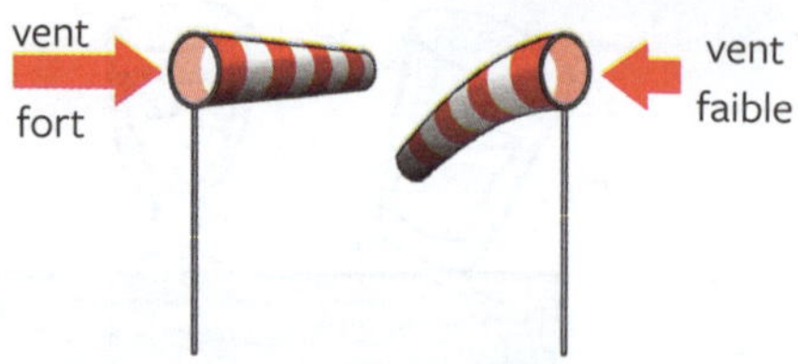

Je comprends comment faire

▶ Pour produire du vent

On peut créer du vent avec…

- un ventilateur
- un éventail
- notre souffle

INFO PARENTS

Faites réaliser par votre enfant l'expérience représentée ci-dessus avec le verre à retourner dans l'eau.

Je m'entraine

1 QUIZ Coche la bonne réponse.

a. Dans quel état se présente l'air autour de nous? ☐ solide ☐ liquide ☐ gaz

b. Une bouteille d'eau minérale que l'on vient de vider ne contient plus rien. ☐ Vrai ☐ Faux

c. L'air est une substance invisible. ☐ Vrai ☐ Faux

d. Quel objet produit du vent?
☐ une éolienne ☐ une manche à air ☐ un ventilateur

e. L'air n'existe que lorsque le vent souffle. ☐ Vrai ☐ Faux

2 Numérote ces dessins dans l'ordre, du vent le plus faible (1) au vent le plus fort (4).

jeu malin

Dans cette scène, le vent souffle dans le sens de la flèche rouge.
Trouve et barre d'une croix les trois erreurs qu'a faites le dessinateur.

Bravo, tu as terminé ! Entoure ton smiley.

Corrigés page 30 du *Guide parents*

3 Le développement des végétaux

Pour commencer

Parmi ces quatre aliments, lequel est une graine : une pomme, une noix de coco, une banane, un abricot ?

J'apprends

• Une graine contient une plante en miniature.

Placée dans une terre humide, la **graine germe**. La plante grandit, puis elle fleurit, les fleurs donneront des fruits contenant de nouvelles graines. Et tout recommence.

• Une plante a des besoins

Au début, la plante utilise les réserves de la graine. Par la suite, il lui faut de l'**eau**, de la **lumière** et des **sels minéraux** qu'elle trouve dans la terre et le **gaz carbonique** de l'air.

Je comprends comment les arbres grandissent

▶ Comment les arbres poussent-ils?

• La **croissance des branches** démarre au printemps et se poursuit en été. En hiver, elle s'arrête car il y a moins de lumière et pas assez d'eau.

• Dans le **bourgeon** au bout d'une branche de l'arbre, un **rameau** miniature garni de feuilles reste à l'abri du gel pendant l'hiver. Au printemps, le bourgeon éclot, s'ouvre et libère le rameau qui pousse et agrandit la branche.

INFO PARENTS

Demandez à votre enfant de placer un pois chiche dans du coton maintenu humide. Faites-lui observer la germination (en quelques jours) et l'apparition de la racine puis de la tige et des feuilles.

Je m'entraine

1 QUIZ **Coche la bonne réponse.**

a. Qu'est-ce qui permet d'obtenir une nouvelle plante?

☐ le fruit ☐ la graine ☐ le bourgeon ☐ le rameau

b. Où le futur rameau reste-t-il à l'abri pendant l'hiver?

☐ dans le bourgeon ☐ dans la terre ☐ dans la graine

c. La graine contient des aliments pour la petite plante. ☐ Vrai ☐ Faux

d. Les arbres grandissent pendant l'hiver. ☐ Vrai ☐ Faux

2 **Réponds oralement à ces questions.**

a. Dans quoi faut-il mettre une graine pour qu'elle germe?

b. Au cours de quelles saisons un arbre grandit-il?

c. De quoi une plante a-t-elle besoin pour grandir?

jeu malin

Il y a 8 organes d'un végétal écrits dans cette grille, ainsi qu'un mot de trois lettres utilisé pour arroser. **Entoure-les. Avec les cinq lettres restantes et non entourées, tu formeras un autre mot dont la plante a aussi besoin pour pousser.**

B	O	U	R	G	E	O	N
		R	A	C	I	N	E
G	E	R	M	E		E	F
	F	L	E	U	R	E	R
	G	R	A	I	N	E	U
	E	A	U	R	T	R	I
	P	L	A	N	T	E	T

....

Bravo, tu as terminé ! Entoure ton smiley.

Corrigés page 30 du *Guide parents*

Sciences

4 Le développement des animaux et de l'homme

Pour commencer
Comment appelle-t-on le petit de la vache, de la jument, de la poule et de la souris ?

J'apprends

- Tous les animaux **naissent**, se **développent**, **grandissent**, deviennent **adultes** et finissent par **mourir**.
- À la **naissance**, certains animaux ont la même forme que celle de l'adulte, comme l'homme ou le chat.

- D'autres animaux comme la mouche changent complètement de forme en grandissant.
- Un être vivant est **adulte** quand il a fini de **grandir** ou qu'il est capable de se **reproduire**.

Je comprends ce qui se passe chez la grenouille

INFO PARENTS

Retrouvez et triez des photos de famille. Faites classer à votre enfant les photos par étapes de vie (de l'enfance jusqu'à l'âge le plus avancé) pour reconstituer leur histoire.

Je m'entraine

1 QUIZ Coche la bonne réponse.

a. Quand dit-on qu'un être vivant est adulte ?

- ☐ Quand il se nourrit tout seul.
- ☐ Quand il peut se reproduire.
- ☐ Quand il a fini de grandir.
- ☐ Quand il meurt.

b. À la naissance, tous les êtres vivants ont la même forme que celle des adultes.

☐ Vrai ☐ Faux

c. Par quel phénomène le têtard devient-il grenouille ?

- ☐ la croissance
- ☐ la métamorphose
- ☐ la chasse
- ☐ la nage

d. Quel épisode marque la fin de la vie ?

- ☐ la naissance
- ☐ la croissance
- ☐ la mort

2 Numérote dans l'ordre les grandes étapes de la vie d'un être vivant.

.... la mort .... la naissance .... la croissance

.... le stade adulte .... la vieillesse

jeu malin

Ces images représentent des animaux adultes et leurs petits. Mais ils ont été dispersés. **Réunis par un trait chaque femelle et son petit.**

3   c

5   b

1   a

6   d

4   e

2   f

Bravo, tu as terminé ! Entoure ton smiley.

Corrigés page 30 du *Guide parents*

5 Les caractéristiques de la vie animale

Pour commencer

Le pigeon vole… mais que font le requin, le chien, la sauterelle, le serpent, la chauvesouris ?

J'apprends

• Les animaux se déplacent de diverses façons selon qu'ils vivent **dans l'eau**, **dans les airs** ou **sur terre**, avec des nageoires, des ailes ou des pattes.

• Pour chercher leur nourriture les animaux utilisent la vue, l'odorat ou l'ouïe. Les **végétariens** mangent des plantes et les **carnivores mangent** d'autres animaux.

• À l'âge adulte, **les animaux donnent naissance** à des petits qui grandissent et deviendront à leur tour adultes.

Je comprends ce qui se passe

▶ Comment les animaux s'informent-ils sur ce qui les entoure ?

• Les antennes du **papillon** perçoivent l'odeur d'une femelle et ainsi il peut la rejoindre pour se reproduire.

• La **chauvesouris** utilise ses oreilles pour capter les sons. Elle se déplace en repérant les insectes qu'elle capture.

• Les yeux perçants de la **buse** repèrent facilement une souris dans l'herbe.

INFO PARENTS

Faites faire 2 cartes à votre enfant : la 1re avec un grand **C** pour carnivore, la 2e avec un grand **V** pour végétarien. Proposez à votre enfant des noms d'animaux, il devra brandir la carte **C** si c'est un carnivore ou la carte **V** dans l'autre cas.

Je m'entraine

1 QUIZ Coche la bonne réponse.

a. Pour bien se déplacer dans l'eau, il vaut mieux avoir des :
☐ ailes. ☐ nageoires. ☐ pattes palmées. ☐ sabots. ☐ griffes.

b. Les animaux qui mangent de l'herbe sont des : ☐ carnivores. ☐ végétariens.

c. Les chauvesouris se déplacent grâce à une très bonne ouïe. ☐ Vrai ☐ Faux

d. Pour entendre, il faut avoir de grands yeux. ☐ Vrai ☐ Faux

2 Réponds oralement à ces questions.

a. Grâce à quoi les animaux se déplacent-ils selon qu'ils vivent sur terre, dans l'eau, dans les airs ?

b. Qu'est-ce qui permet aux animaux d'être informés sur ce qui les entoure ?

c. À quel âge les animaux peuvent-ils avoir des petits ?

jeu malin

On a demandé à un enfant d'indiquer dans les petits cercles fléchés si ce qu'ils désignaient étaient d'origine animale (par un **A**), végétale (par un **V**), minérale (par un **M**) ou si c'était construit par l'homme (par un **C**).
Il a commis 7 erreurs. **Cherche-les et corrige-les.**

Bravo, tu as terminé ! Entoure ton smiley.

Corrigés page 30 du *Guide parents*

6 Hygiène et santé de l'enfant

Pour commencer

Qu'est-ce qui est bon pour ta santé : du pain, du soda, une pomme, du lait, des bonbons, des céréales ?

J'apprends

• Une bonne alimentation et une hygiène de vie

Notre corps a besoin d'**aliments** qui apportent des substances pour **grandir** et rester en **bonne santé**. Pour cela, nous devons **manger varié** et en **quantité suffisante** mais **sans excès**. L'**eau** est indispensable. Une **activité physique** assure le bon développement du corps et régule notre poids.

Un enfant de CP doit dormir au moins 10 h par nuit.

• De bonnes habitudes

Il faut souvent se **savonner les mains**, **prendre une douche chaque jour** et se **brosser les dents** après chaque repas.

Le respect des règles de sécurité **protège** des dangers courants de la vie.

Je comprends ce qui se passe

▶ Comment se forme une carie?

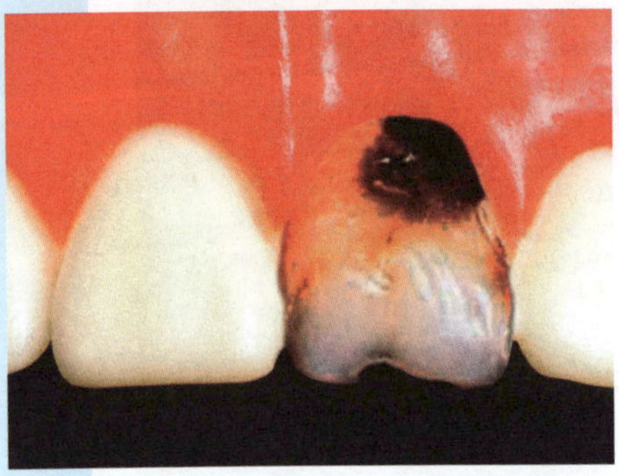

Quand on mange trop de **sucres** ou qu'on se lave mal ou **pas régulièrement** les dents, une **plaque dentaire** se dépose sur les dents. Elle contient des **microbes** qui transforment les restes des aliments en **acide** qui attaque les dents. Un trou se forme et on a mal. On a alors une **carie**, le dentiste doit creuser la dent pour l'éliminer puis il rebouche le trou.

INFO PARENTS

Lors des repas, identifiez avec votre enfant la variété des ingrédients qui composent les plats.

Je m'entraine

1 QUIZ Coche la bonne réponse.

a. Comment ton corps te fait-il savoir que tu as besoin de manger?

☐ Tu as soif.
☐ Tu as sommeil.
☐ Tu es fatigué.
☐ Tu as faim.

b. Bien se laver les dents permet d'éviter les caries.

☐ Vrai
☐ Faux

c. Combien d'heures par jour un enfant de 6 ans doit-il dormir?

☐ 24 heures
☐ 10 heures
☐ 6 heures
☐ 15 heures

d. Quelle boisson nous est indispensable?

☐ le vin ☐ l'eau
☐ la bière ☐ le soda

2 Réponds oralement à ces questions.

a. Comment éviter ou éliminer la plaque dentaire?

b. Combien de fruits et légumes doit-on manger par jour?

c. Pourquoi doit-on faire du sport?

jeu malin

Voici quelques moments de la journée de Killian. **Indique en barrant l'image, ce que tu éviterais de faire si tu étais à sa place.**

Bravo, tu as terminé ! Entoure ton smiley.

Corrigés page 30 du *Guide parents*

7 Appareils électriques

Pour commencer

Quels appareils électriques présents à ton domicile doivent être branchés sur des prises pour fonctionner ?

J'apprends

• Certains **appareils électriques** possèdent un **moteur** : mixer, sèche-cheveux, etc. Certains produisent de la **chaleur** : fer à repasser, bouilloire... d'autres produisent de la **lumière** ou du **son** : lampe, télévision...

• À la maison, la plupart des appareils sont reliés à un cordon que l'on branche sur une **prise**. Le courant électrique fourni par les prises est dangereux.

• Certains petits appareils (lampe de poche, jouets...) sont alimentés par des **piles** placées à l'intérieur. Le courant fourni par des piles n'est pas dangereux.

Je comprends comment faire

▶ Pour ne pas se mettre en danger

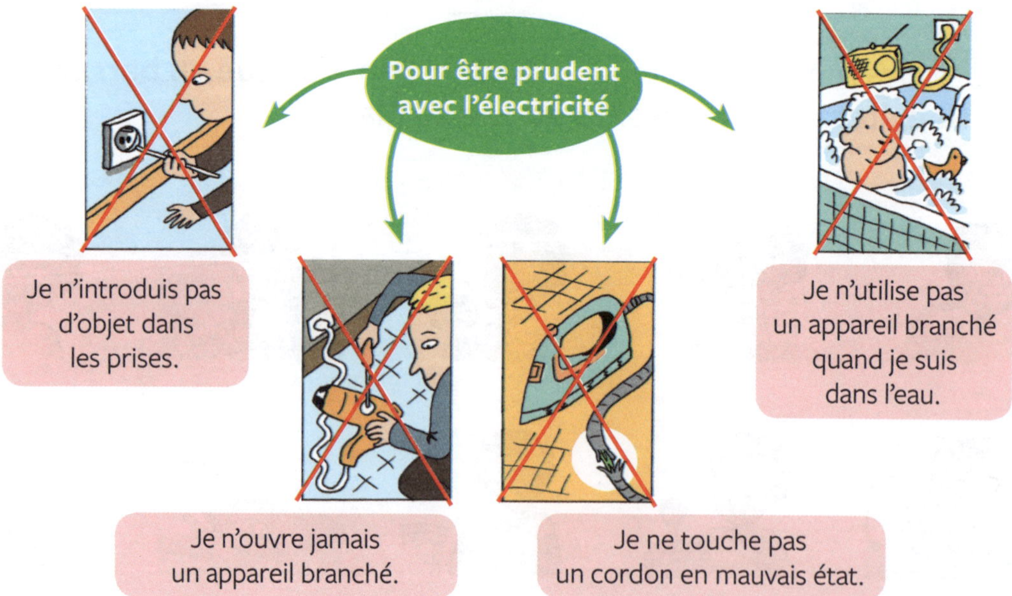

INFO PARENTS

Ouvrir devant votre enfant le compartiment à piles de plusieurs appareils électriques (poste de radio, lampe de poche, télécommande...) pour faire remarquer leur présence et leurs différentes formes.

Je m'entraine

1 QUIZ Coche Vrai ou Faux.

a. Il y a des piles dans tous les appareils électriques. ☐ Vrai ☐ Faux

b. Le courant électrique des prises est dangereux. ☐ Vrai ☐ Faux

c. Tous les appareils électriques à moteur se branchent sur une prise. ☐ Vrai ☐ Faux

d. Certains appareils n'ont pas de moteur. ☐ Vrai ☐ Faux

2 Coche la case sur le dessin lorsqu'il y a danger.

jeu malin

Qui suis-je ?

1. J'éclaire et on me branche sur une prise : entoure-moi en **bleu**.
2. J'ai un moteur et je fonctionne avec des piles : entoure-moi en **vert**.

Bravo, tu as terminé ! Entoure ton smiley.

Corrigés page 30 du *Guide parents*

ANGLAIS

Anglais		Date	Évaluation
1 This is my family	146	....	😐 🙂 😀
2 Visit my house!	148	....	😐 🙂 😀
3 Colours	150	....	😐 🙂 😀
4 Games	152	....	😐 🙂 😀

→ Certains exercices proposent des compléments audio disponibles sur **www.hatier-entrainement.com**

Ils sont signalés par 

→ Pour télécharger ces contenus, rendez-vous sur **www.editions-hatier.fr**. Tapez 8862512 dans la barre de recherche puis sélectionnez Ressources complémentaires.

1 This is my family
Voici ma famille

Pour commencer
Les Anglais adorent leurs animaux domestiques. Le chien est le plus populaire et fait partie intégrante de la famille.

Vocabulary

Dialogue

Regarde cette photo.

C'est ma famille.

Read AND repeat

fruit | vegetables | drinks | meat

Games

1 Place les étiquettes aux bons endroits.

GRANDMOTHER

GRANDFATHER

MOTHER

FATHER

SISTER

BROTHER

2 Relie ces dessins au mot qui leur correspond.

MEAT

VEGETABLES

FRUIT

DRINKS

Story

This is my family. I have got one brother Ben and one sister Emma.

Corrigés page 31 du *Guide parents*

Bravo, tu as terminé ! Entoure ton smiley.

fish

cake

bread

sweets

2 Visit my house!
Visite ma maison !

Pour commencer

Dans la plupart des maisons anglaises le séjour est au rez-de-chaussée, côté rue et la cuisine côté arrière de la maison. Les chambres sont à l'étage.

Vocabulary

Dialogue

J'habite dans une maison.

C'est grand avec un joli jardin.

Read AND repeat

chair

armchair

bed

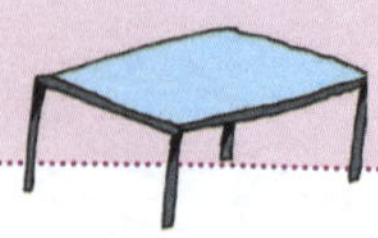

table

Games

1 Où sont les personnages? Complète les phrases.

Charlize is in the ....

Cameron is in the ....

Elisa is in the ....

Vanessa is in the ....

Alan is in the ....

Story

My house is big and my bedroom is comfortable.

Corrigés page 31 du *Guide parents*

Bravo, tu as terminé ! Entoure ton smiley.

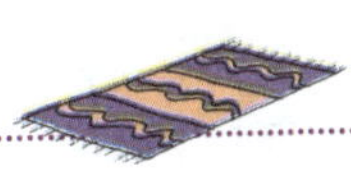

carpet

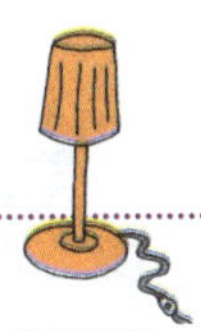

lamp

mirror

door

Anglais

3 Colours
Couleurs

Pour commencer
Le drapeau du Royaume-Uni (Angleterre, Écosse, Pays de Galles et Irlande du Nord) s'appelle l'*Union Jack*.

Vocabulary

Dialogue

Regarde cet arc-en-ciel !

Les couleurs sont si belles !

Read AND repeat

one two three four five

Games

1 Colorie ce cerf-volant en suivant le code indiqué ci-dessous.

A = red
B = blue
C = green
D = yellow
E = purple

2 Relie chaque nombre au dessin qui lui correspond.

NINE

EIGHT

THREE

ONE

Story

My favourite colours are purple and blue. What is your favourite colour?

Corrigés page 31 du *Guide parents*

Bravo, tu as terminé ! Entoure ton smiley.

six

seven

eight

nine

ten

4 Games
Jeux

Pour commencer
Les Anglais sont des passionnés de sport. Hormis le football et le rugby, ils adorent le cricket, le tennis et le golf.

1 **Colorie les dessins avec les couleurs notées ci-dessous.**

a blue door

a yellow star

a red chair

a green house

2 **Complète les mots notés sur cette photo.**

G _ _ _ D _ A _ _ _ R

F _ T _ _ R

G _ _ _ D _ O _ _ _ R

M _ T _ _ R

B _ _ T _ _ R

S _ _ T _ R

Anglais

3 Écris en anglais dans l'étiquette le nombre d'objets que tu vois.

4 On a mélangé les étiquettes. Remets-les au bon endroit à l'aide de flèches.

5 Mets les étiquettes au bon endroit sur les étagères de ce supermarché : FRUIT – MEAT – VEGETABLES – DRINKS.

Bravo, tu as terminé ! Entoure ton smiley.

Corrigés page 31 du *Guide parents*

BILAN QUIZ ! Français

1 Coche le mot dans lequel tu entends le son demandé.

	Son				
a.	é	un voilier	☐	une volière	☐
b.	an	une cane	☐	méchant	☐
c.	oi	coincer	☐	boire	☐
d.	s	un cousin	☐	un coussin	☐
e.	k	décider	☐	coller	☐
f.	g	une guitare	☐	une aubergine	☐
g.	j	peigner	☐	juger	☐
h.	ail	un village	☐	la paille	☐

2 Entoure le son demandé dans ces séries de mots.

	Son			
a.	o	un bateau	le robot	un landau
b.	è	les jumelles	treize	la fenêtre
c.	ou	le bouton	le mouton	un bourdon
d.	in	du pain	peindre	le matin
e.	s	une balançoire	une cerise	attention
f.	gn	le panier	un champignon	un fanion
g.	ill	un avion	un coquillage	un crayon

3 Coche les bonnes réponses.

a. Devant *p* et *b*, le *n* se transforme en *m*. ☐

b. *Le petit canard demain.* est une phrase. ☐

c. *manger* est un nom. ☐

d. *une glace* est un nom masculin. ☐

e. *des histoires* est un nom au pluriel. ☐

f. *les libellules* peut être remplacé par *ils*. ☐

g. *nous sommes* est une conjugaison du verbe *être*. ☐

h. *cirque – trapèze – jongleur* sont classés par ordre alphabétique. ☐

Corrigés page 32 du *Guide parents*

L'ANNÉE PROCHAINE EN CE1

Voici l'essentiel de ce que tu apprendras en **français** l'année prochaine.
Fais une croix ☒ à côté des notions que tu connais déjà.

Lecture

Différencier des types de textes	☐	Lire un texte documentaire	☐
Lire une poésie	☐		

Orthographe

Écrire les sons *s* et *z*	☐	Écrire les sons *ay, oy, uy*	☐
Écrire les sons *g* et *j*	☐	Écrire les sons *aill, eill, euill, ouill*	☐
Écrire le son *k*	☐	Les mots invariables	☐
Écrire le son *in*	☐	Les accords sujet / verbe	☐
Écrire le son *o*	☐	Les accords dans le groupe nominal	☐
Écrire les sons *ian, ien, ain, ein, oin*	☐		

Grammaire

Le genre des noms	☐	Le pluriel des adjectifs	☐
Le genre des adjectifs	☐	Le sujet	☐
Le pluriel des noms	☐	Le verbe	☐

Conjugaison

Le présent du verbe *être*	☐	Le présent du verbe *faire*	☐
Le présent du verbe *avoir*	☐	Le présent du verbe *dire*	☐
Le présent des verbes du 1er groupe (*-er*)	☐	Le futur	☐
Le présent du verbe *finir*	☐	L'imparfait	☐
Le présent du verbe *aller*	☐	Le passé composé	☐
Le présent du verbe *venir*	☐		

Vocabulaire

L'ordre alphabétique	☐	Les familles de mots	☐
Le sens propre et le sens figuré	☐		

BILAN quiz ! Mathématiques

1 Coche la bonne réponse.

a. 31 = 10 + 10 + 1 ☐

b. trente-sept s'écrit 37 ☐

c. 50 est juste après 49 ☐

d. Dans 72, il y a 7 dizaines. ☐

e. 93 = 80 + 13 ☐

f. 98 = 90 + 18 ☐

g. 79 s'écrit soixante-neuf ☐

h. 18 est le double de 8 ☐

i. 48 < 98 ☐

j. 52 > 59 ☐

k. Parmi ces 3 nombres 45, 78, 14, le nombre 14 est le plus grand. ☐

l. Si j'achète un stylo à 7 € et un cahier à 3 €, je paye 4 €. ☐

m. 25 + 42 = 67 ☐

n. 52 + 29 = 71 ☐

o. J'avais 45 billes, j'en ai perdu 17, il m'en reste 28. ☐

p. 58 + 10 = 68 ☐

q. 42 – 19 = 23 ☐

r.

Les points A, B, C sont alignés. ☐

s. Un triangle a 4 côtés. ☐

t.

Le segment mesure 3 cm ☐ 4 cm ☐ 5 cm ☐

u. Si je paye 13 € avec un billet de 20 €, on me rend 8 €. ☐

v. Tristan achète 5 livres à 4 € et 3 livres à 8 € : il paye 20 €. ☐

w. Un cube a 6 sommets. ☐ 8 sommets. ☐

x. J'achète une boite de 12 œufs, j'en casse 2, il m'en reste 10. ☐

Corrigés page 32 du *Guide parents*

L'ANNÉE PROCHAINE EN CE1

Voici l'essentiel de ce que tu apprendras en **mathématiques** l'année prochaine. Fais une croix ☒ à côté des notions que tu connais déjà.

Nombres

Écrire les nombres jusqu'à 999	☐
Les unités, les dizaines, les centaines	☐
Classer des nombres	☐
Encadrer des nombres	☐
Intercaler des nombres	

Calculs

L'addition	☐
L'addition avec retenue	☐
La soustraction	☐
La soustraction avec retenue	☐
La multiplication	☐
Le partage : approche de la division	☐

Espace et géométrie

Utiliser les outils de la géométrie : règle, compas, équerre	☐
Décrire des figures géométriques	☐
Construire des figures géométriques	☐
La symétrie	☐
Les frises	☐
Construire des solides	☐
Se repérer sur un quadrillage	☐

Grandeurs et mesures

Mesurer le temps	☐
Mesurer des longueurs	☐
Mesurer des contenances	☐
Mesurer des masses	☐
Utiliser la monnaie	☐

BILAN QUIZ !

Temps-EMC-Espace

Sciences

TEMPS / ENSEIGNEMENT MORAL ET CIVIQUE / ESPACE

1 Coche les bonnes réponses.

a. Pour représenter un espace, on peut le dessiner. Vrai ☐ Faux ☐

b. On peut décrire un espace avec une maquette. Vrai ☐ Faux ☐

c. Ma chambre est un lieu familier. Vrai ☐ Faux ☐

d. Une boussole indique deux directions. Vrai ☐ Faux ☐

e. Pour positionner un objet par rapport à une personne, je dois prendre sa place. Vrai ☐ Faux ☐

f. Pour se repérer sur un plan, on ajoute une légende. Vrai ☐ Faux ☐

g. Le quadrillage rend le plan plus joli. Vrai ☐ Faux ☐

h. Lorsque le Soleil n'éclaire plus la partie où nous habitons, c'est : la nuit. ☐ la journée. ☐

i. Le Soleil se couche à : l'ouest. ☐ l'est. ☐

j. Un jour dure : 12 heures. ☐ 24 heures. ☐

k. Dans une année, il y a : 7 mois. ☐ 12 mois. ☐

l. Le lendemain de dimanche est : lundi. ☐ samedi. ☐

m. Une année compte : 2 saisons. ☐ 4 saisons. ☐

n. Un des mois du printemps est : septembre. ☐ avril. ☐

o. La politesse ne sert à rien. ☐ permet de mieux vivre ensemble. ☐

p. Lorsqu'on ressent de la colère, on a souvent envie de : chanter. ☐ crier. ☐

SCIENCES

2 Coche les bonnes réponses.

a. Le chocolat est toujours un solide. ☐

b. L'air est un gaz invisible. ☐

c. La graine contient des réserves alimentaires. ☐

d. Un animal carnivore peut manger : une souris. ☐ de l'herbe. ☐ un fruit. ☐

e. Les aliments servent à grandir et à rester en bonne santé. ☐

f. Le courant électrique fourni par les prises n'est pas dangereux. ☐

Corrigés page 32 du *Guide parents*

L'ANNÉE PROCHAINE EN CE1

Voici l'essentiel de ce que tu apprendras en **Temps / Enseignement moral et civique / Espace** et en **Sciences** l'année prochaine.
Fais une croix ☒ à côté des notions que tu connais déjà.

Temps	
Le découpage du temps	☐
Le calendrier	☐
L'évolution des modes de vie	☐

Enseignement moral et civique	
Les règles du Vivre ensemble	☐
Les règles d'hygiène	☐
La commune, le maire, le conseil municipal	☐

Espace	
Utiliser un plan	☐
Utiliser une carte	☐
Les différents paysages	☐
Les villes	☐
Les campagnes	☐

Sciences	
Le monde animal	☐
Le monde végétal	☐
Le monde minéral	☐
Les différents états de l'eau	☐
Le corps et ses mouvements	☐
L'alimentation	☐
Le fonctionnement d'un circuit électrique simple	☐

Tu apprendras aussi à te présenter, à compter, à parler de ton environnement proche dans la langue étrangère que tu as choisie en CP.

Crédits photographiques

112	-g ph ©	André Held / Akg-Images
112	-mgph ©	André Held / Akg-Images
112	-md	ph © Akg-Images
112	-d ph ©	Erich Lessing / Akg-Images
113	-a ph ©	D'arctic / Fotolia
113	-b ph ©	themanwhophoto / Fotolia
113	-c ph ©	mikecleggphoto / Fotolia
113	-d ph ©	Gudellaphoto / Fotolia
114	ph ©	dja65 / Fotolia
115	-2a ph ©	Michaela Stejskalova / iStock / Getty Images
115	-2b ph ©	Nicolas Tavernier / REA
115	-2c ph ©	Delius / Leemage
115	-2d ph ©	Sergey Ryzhov / Fotolia
115	-2e ph ©	Coyau - Licence CC BY-SA 3.0 via Wikimedia Commons
115	-jeu a	ph © Danielle Bonardelle / Fotolia
115	-jeu b	ph © picsfive / Fotolia
115	-jeu c	ph © kuzina1964 / Fotolia
115	-jeu d	ph © dvoevnore / Fotolia
122	ph ©	Josse / Leemage / Bridgeman
123	©	www.mairie-ida.fr
130	-h ph ©	Pilloud / Explorer
130	-m ph ©	Top
134	-h ph ©	Gérard / Diaf / Photononstop
134	-bgph ©	Gérard / Diaf / Photononstop
134	-bdph ©	Bringard / Bios
136	-hgph ©	Valua Vitaly / Fotolia
136	-hdph ©	gstockstudio / Fotolia
136	-mgph ©	lifeonwhite.com - stock.adobe.com
136	-md	ph © guy - stock.adobe.com
136	-bhph ©	kosobu - stock.adobe.com
136	-bgph ©	shishiga - stock.adobe.com
136	-bdph ©	Paylessimages - stock.adobe.com
136	-b ph ©	Rinaldo - stock.adobe.com
137	-1 ph ©	Katrien Buysse - stock.adobe.com
137	-2 ph ©	SPL - Science Photo Library / Fabio Pupin / Visuals Unlimited / Biosphoto
137	-3 ph ©	nmelnychuk - stock.adobe.com
137	-4 ph ©	Photoshot / Anthony Bannister / Biosphoto
137	-5 ph ©	Holly Michele - stock.adobe.com
137	-6 ph ©	- stock.adobe.com
137	-a ph ©	wollertz 2014 - stock.adobe.com
137	-b ph ©	Ian Sherriffs - stock.adobe.com
137	-c ph ©	SunnyS - stock.adobe.com
137	-d ph ©	Soru Epotok - stock.adobe.com
137	-e ph ©	Photo Researchers / Maryann Frazier / Biosphoto
137	-f ph ©	Hugo Willocx / Biosphoto
138	-hgph ©	Bringard / Biosphoto
138	-hmph ©	Watts / Biosphoto
138	-hdph ©	Dennis / Biosphoto
138	-mgph ©	Ittel / Biosphoto
138	-md	ph © Klein / Biosphoto
138	-b ph ©	Delfino / Biosphoto
140	ph ©	Vario Creative / Photononstop

PAPIER À BASE DE FIBRES CERTIFIÉES

Hatier s'engage pour l'environnement en réduisant l'empreinte carbone de ses livres. Celle de cet exemplaire est de :
850 g éq. CO_2
Rendez-vous sur www.hatier-durable.fr

Achevé d'imprimer en Italie en février 2022
«La Tipografica Varese Srl» Varese
Dépôt légal n° 06140-8/03 - février 2022

MATHÉMATIQUES

La table d'addition

+	0	1	2	3	4	5	6	7	8	9	10
0	0	1	2	3	4	5	6	7	8	9	10
1	1	2	3	4	5	6	7	8	9	10	11
2	2	3	4	5	6	7	8	9	10	11	12
3	3	4	5	6	7	8	9	10	11	12	13
4	4	5	6	7	8	9	10	11	12	13	14
5	5	6	7	8	9	10	11	12	13	14	15
6	6	7	8	9	10	11	12	13	14	15	16
7	7	8	9	10	11	12	13	14	15	16	17
8	8	9	10	11	12	13	14	15	16	17	18
9	9	10	11	12	13	14	15	16	17	18	19
10	10	11	12	13	14	15	16	17	18	19	20

La table de soustraction

−	0	1	2	3	4	5	6	7	8	9	10
0	0										
1	1	0									
2	2	1	0								
3	3	2	1	0							
4	4	3	2	1	0						
5	5	4	3	2	1	0					
6	6	5	4	3	2	1	0				
7	7	6	5	4	3	2	1	0			
8	8	7	6	5	4	3	2	1	0		
9	9	8	7	6	5	4	3	2	1	0	
10	10	9	8	7	6	5	4	3	2	1	0

Le nom des nombres

1 un
2 deux
3 trois
4 quatre
5 cinq
6 six
7 sept
8 huit
9 neuf
10 dix

11 onze
12 douze
13 treize
14 quatorze
15 quinze
16 seize
17 dix-sept
18 dix-huit
19 dix-neuf
20 vingt

21 vingt-et-un
22 vingt-deux
23 vingt-trois
24 vingt-quatre
25 vingt-cinq
26 vingt-six
27 vingt-sept
28 vingt-huit
29 vingt-neuf
30 trente

31 trente-et-un
32 trente-deux
33 trente-trois
34 trente-quatre
35 trente-cinq
36 trente-six
37 trente-sept
38 trente-huit
39 trente-neuf
40 quarante

41 quarante-et-un
42 quarante-deux
43 quarante-trois
44 quarante-quatre
45 quarante-cinq
46 quarante-six
47 quarante-sept
48 quarante-huit
49 quarante-neuf
50 cinquante

51 cinquante-et-un
52 cinquante-deux
53 cinquante-trois
54 cinquante-quatre
55 cinquante-cinq
56 cinquante-six
57 cinquante-sept
58 cinquante-huit
59 cinquante-neuf
60 soixante

61 soixante-et-un
62 soixante-deux
63 soixante-trois
64 soixante-quatre
65 soixante-cinq
66 soixante-six
67 soixante-sept
68 soixante-huit
69 soixante-neuf
70 soixante-dix

71 soixante-et-onze
72 soixante-douze
73 soixante-treize
74 soixante-quatorze
75 soixante-quinze
76 soixante-seize
77 soixante-dix-sept
78 soixante-dix-huit
79 soixante-dix-neuf
80 quatre-vingts

81 quatre-vingt-un
82 quatre-vingt-deux
83 quatre-vingt-trois
84 quatre-vingt-quatre
85 quatre-vingt-cinq
86 quatre-vingt-six
87 quatre-vingt-sept
88 quatre-vingt-huit
89 quatre-vingt-neuf
90 quatre-vingt-dix

91 quatre-vingt-onze
92 quatre-vingt-douze
93 quatre-vingt-treize
94 quatre-vingt-quatorze
95 quatre-vingt-quinze
96 quatre-vingt-seize
97 quatre-vingt-dix-sept
98 quatre-vingt-dix-huit
99 quatre-vingt-dix-neuf
100 cent

QUE S'EST-IL PASSÉ AVANT AUJOURD'HUI ?

Les époques très lointaines

- La hache en pierre
- Le harpon en os

- Le tonneau en bois
- Des poteries utilitaires

- La charrue
- Le pont du Gard

- Le moulin à eau
- La boussole, la caravelle et les grands voyages
- Les châteaux forts
- Les cathédrales
- Louis XIV fait construire Versailles.
- On se déplace en diligence.

de 1850

Un passé ancien

- Le train à vapeur

- La bicyclette
- La tour Eiffel
- L'avion de Blériot traverse la Manche.

à 1950

- L'automobile